U0337042

新质生产力

刘志彪
凌永辉
孙瑞东
著

领航算力时代 ● 新产业 ● 新赛道

New Quality Productive Forces

Leading the new industries and new tracks
in the computing power era

机械工业出版社
CHINA MACHINE PRESS

本书围绕"如何读懂新质生产力""如何发展新质生产力""如何向'新'而行，寻找企业未来蓝海新赛道"三大有关高质量发展的核心之问，帮助企业布局未来产业、找准蓝海赛道、把握增长航向。

关于核心之问一"如何读懂新质生产力"，本书全景式地解读了什么是新质生产力；新质生产力"新"在何处；关于新质生产力存在哪些认知误区；如何发展新质生产力走出中等收入陷阱；如何迸发生产要素的新活力，打通影响经济发展的堵点卡点。

关于核心之问二"如何发展新质生产力"，本书从创新发展新产业、塑造新业态的角度，阐述了如何多维驱动、协同发展"算力时代"的新质生产力；如何大力推进现代化产业体系建设，加快发展新质生产力，发掘创新驱动现代产业增长的经济密码。

关于核心之问三"如何向'新'而行，寻找企业未来蓝海新赛道"，本书从商业的角度，分析了谁将是下一个未来的新支柱产业，引领企业高质量增长的新赛道在哪儿，帮助企业寻找新一轮科技革命和产业变革中的新动能、新机遇。

图书在版编目（CIP）数据

新质生产力：领航算力时代新产业新赛道 / 刘志彪，凌永辉，孙瑞东著. -- 北京：机械工业出版社，2024.

12. -- ISBN 978-7-111-76925-5

Ⅰ. F120.2

中国国家版本馆 CIP 数据核字第 2024RJ5657 号

机械工业出版社（北京市百万庄大街 22 号　邮政编码 100037）

策划编辑：章集香　　　　　　　　责任编辑：章集香　刘新艳

责任校对：高凯月　李可意　景　飞　责任印制：常天培

北京机工印刷厂有限公司印刷

2025 年 1 月第 1 版第 1 次印刷

147mm × 210mm・8.125 印张・2 插页・165 千字

标准书号：ISBN 978-7-111-76925-5

定价：69.00 元

电话服务　　　　　　　　　网络服务

客服电话：010-88361066　机 工 官 网：www.cmpbook.com

　　　　　010-88379833　机 工 官 博：weibo.com/cmp1952

　　　　　010-68326294　金 书 网：www.golden-book.com

封底无防伪标均为盗版　机工教育服务网：www.cmpedu.com

新质生产力，领航新产业新赛道

新质生产力是在第四次工业革命的潮流下，主要以智能化技术尤其是"算力"为代表的新质态生产力，其表现为劳动者、劳动资料和劳动对象在新的组合或升级下，实现产业技术逻辑的颠覆性革命，从而使生产力实现从量变到质变的突破。

与前三次尤其是第三次由信息技术推动的工业革命不同，第四次工业革命主要由智能化技术推动，它要替代的不仅是人类的体力劳动，还包括人类的大部分脑力劳动，从这个角度来看，新质生产力必然会领航高质量发展的新动能、新产业和新赛道。

呈现在读者面前的这本书，其写作目的主要就是为读者分析在第四次工业革命的潮流下，新质生产力的发展方向、发展动力、发展形式与发展机制，以及相应的产业发展模式、发展路径与发展策略，为政府产业政策的制定、实施以及各行各业尤其是企业如何加快发展新质生产力提供思路与方法，同时也为企业管理者布局企业未来的增长方向提供战略指引。

在本书中，我们提出了两大核心观点。

第一大核心观点认为，新产业新赛道是新质生产力的载体，加快发展新质生产力必然要落实到与之相适应的新产业新赛道上。例如，以国家标准提升和引领传统产业优化升级，需要以传统产业为基础载体，渗透进智能化、绿色化新技术；完善新一代信息技术、人工智能、新能源、高端装备制造等战略性新兴产业的发展政策和治理体系，建立未来产业投入增长机制，其目的就是要健全新质生产力发展的体制机制。

第二大核心观点认为，新质生产力作为新产业新赛道发展的底层技术逻辑，为新产业新赛道提供了坚实的物质技术基础。例如，前沿创新和颠覆性技术成为新产业发展的引擎和动力，"高素质"劳动者为新产业发展提供具有高技术水平的人力资源，"新介质"劳动资料为新产业提供智能化生产工具，"新料质"劳动对象为新产业提供数据要素等新型资源。

基于此，我们只有认识到、把握好新质生产力与新产业新赛道之间的关系，才能在第四次工业革命的潮流下，制定推动新质生产力发展的正确的产业政策，把握企业在算力时代乘风破浪的发展新航向。

从整体来看，新质生产力发展对产业发展的动力、方向、形态等都提出了新的要求，在产业结构、产业组织、产业布局、产业上下游关联以及产业绿色发展等方面都将会产生重大的革命性影响，这些革命性影响主要体现在以下 5 个方面。

（1）产业结构更加软化。

新质生产力能够促进产业结构更加知识、技术和人力资本密集化，摆脱前三次工业革命下产业结构的资源、能源、物质消耗刚性的特点。产业结构的软化主要体现在以下两点。

其一，代表新质生产力的"算力"，尤其是人工智能、大数据等技术本身就是知识密集型技术的代表，"网力＋算力"产业化发展将催生不同的产业。例如，人工智能大模型的产业化衍生出 ChatGPT、文心一言、Kimi 等人工智能大模型产品，这些都需要强化算力基础设施及产业数据平台建设。

其二，以"网力＋算力"为代表的高新技术能够改造传统产业，拓展产业边界，实现产业升级。例如，在出租车行业中，"网力"的发展推动了打车平台的兴起，网约车的出现打破了信息不对称，促进了要素的协调发展；"算力"的发展则使得无人驾驶平台"萝卜快跑"投入市场，出租车行业由"人力"密集型行业转变为"算力"密集型行业。

（2）产业组织更加扁平。

前三次工业革命下，产业组织与企业形态总体上呈现"垂直控制"型特征，企业以大为美。新质生产力的发展，将减少企业组织流程中不必要的环节，使得流程之间的连接更加紧密；同时，即时沟通等工具打破了时空限制，提升了信息流通的便利性，产业组织由层层递进的"直线模式"转变为"环形模式"或"网络模式"。

这种扁平化组织贯穿于企业研发—生产—流通的全过程，以"算力"为基础的发展为生产环节分散程度的降低提供了技术支持，模块化技术带来的技术进步进一步改变了传统的生产工艺，融合了部分生产工序，从而精简了生产环节，驱动了生产的"短链化"。

在研发阶段，算力将助力于缩短新产品的开发周期，帮助企业简化采购流程，机器学习等技术将弥补人力学习周期过长的不足，有利于企业迅速做好生产准备。

在生产阶段，以3D打印技术为典型代表的分布式生产方式，能够将部分项目的生产流程缩短近95%，弱化"功能分离"的特点。

在流通阶段，物流、库存管理和设备维护的效率将得到提高，尤其是通过将来自不同组织的数据集成到一个连贯的系统中，优化业务运作，有助于组织的扁平化。

（3）产业布局虚拟化集聚。

新质生产力使得产业布局的形式发生根本性改变。前三次工业革命下，产业在地理空间上的物理性接近、集聚模式，将变得越来越不重要，而以数据和信息实时交换为核心的网络虚拟集聚模式将因其高效率而获得各行各业的青睐。

平台经济等新模式和新业态，通过数字技术将商品和服务的交易场景转移到了线上，实现了基于网络空间的、以数据交换为核心的大规模、零距离的虚拟集聚。为什么新质生产力能够产生产业布局虚拟化集聚呢？这主要源于以下两方面。

一方面在于，以新一代信息技术和算力为代表的新质生产力可以打破地理限制，能够容纳足够多的集聚企业，从而造成"距离死亡"。

这主要体现在服务业，尤其是生产性服务业上。例如，亚马逊、淘宝、京东等电子商务平台，促进中小企业卖家以及消费者在平台上集聚；美团、58同城等平台企业使得餐饮、家政、维修、个人服务等多项业务的市场主体在线上集聚，形成较大规模的虚拟集聚。

另一方面在于，发展新质生产力，将有助于扩大地理集聚的边界和规模，促进传统集聚的虚拟化。

这主要体现在制造业集聚的虚拟化转型以及产业园区的智能化改造上。例如，各地方政府和各大单位、企业均着重加强工业云平台的建设。像三一重工孵化的互联网平台树根互联，包括纺织机械、发电机组、数据机床、3D打印、建材装备、医疗器械、智慧工地、金融租赁等多个行业的企业，形成在工业云平台上的虚拟集聚。

（4）产业关联更加协调。

前三次工业革命下，产业之间的协调虽然也很重要，但是因为联接技术的限制，协调成本高且相对低效。大力发展新质生产力将使得产业链上下游之间的协调更加重要也更有效率。

一方面，以算力为代表的新质生产力能够降低企业之间的交易成本，实现信息的精准匹配并畅通要素流动。

其一，算力能够降低信息搜寻成本，大数据和人工智能等技术能够有效拓宽企业获取信息的广度，加深企业获取信息的深度，供应商能够更精准地了解客户的需求，客户可以通过多渠道获得供应商的招标采购信息，供需双方可选择的空间被大大拓展，提高了上下游协调的可能性。

其二，算力能够降低契约签订成本和契约履行成本，信息的透明性能够提高上下游企业之间的信任程度。智能工具使得合同签订更加便利，契约调整更加灵活，这都将有助于上下游企业之间的分工协作。

另一方面，大力发展新质生产力将有助于上下游企业协同创新。例如，某一企业在数智化改造过程中学习的知识技能具有较强的溢出效应，信息技术使得资源可编码传播，创新在整个供应链溢出及扩散。另外，客户与供应商之间非平等的产品、利益关系也使得数智化改造促进产业链上整体创新水平的提升。例如，客户企业的数智化改造使其对产品和服务提出更高的要求，倒逼供应商创新，以满足客户企业对新工艺、新产品和新服务的需求。

（5）产业发展更加绿色。

习近平总书记在主持二十届中共中央政治局第十一次集体学习时指出，"新质生产力本身就是绿色生产力"。发展新质生产力有助于绿色科技应用于生产力各要素，使得产业发展更加绿色可持续。

例如，劳动者的环保意识和环保理念更强，高新技术的使用使得单位生产过程中的自然资源和劳动力资源损耗减少，劳动者摒弃高能耗、高投入模式的意愿增强；同时，信息技术的发展使得环保理念和绿色可持续发展相关知识的传播更快更广，劳动者的绿色素养提高。

智能化技术改造传统劳动资料和劳动对象：劳动资料的绿色化表现为数智化对生产工具的绿色化改进和绿色生产工具的广泛应用，劳动对象的绿色化表现为智能工具对自然资源的高效利用以及对清洁能源使用范围的扩大。

总体而言，劳动资料和劳动对象高新技术化，由高排放性和高能耗性向低碳节能、绿色环保转变。例如，数智化改造运用于供热行业，将提高热效率，增加清洁热能的占比，减少污染物和温室气体排放；智能化运用于物流行业，设计更科学的运输装载路线，将使得运输效率更高、能源消耗更低，促进物流绿色化发展。

在本书中，我们将从多个角度对新质生产力的发展趋势、影响因素、发展效应等进行翔实而通俗的分析，尤其是通过聚

X

焦新质生产力发展驱动下的新动力、新赛道、新产业，对传统产业、战略性新兴产业、未来产业发展等问题进行重点阐述。同时我们也会给出在大力发展新质生产力的时代要求下，各行各业应该采取什么样的应对战略，来谋划企业未来高质量发展的路径。

　　本书内容的呈现以讲座的方式展开，全书共分为十讲，每一讲的内容相对独立完整。读者在阅读与思考的过程中，可以密切联系自身所在行业、企业的实际情况，从国家战略的宏观角度，从企业发展的微观角度，关注如何加快发展新质生产力这个关系到未来中国世界性崛起的重大话题。

CONTENTS ◎ 目录

03 / 第三讲
多维驱动，协同发展算力时代的新质生产力

04 / 第四讲
算力时代"新质"下的新产业新业态

05 / 第五讲
新质生产力下，产业发展的"新"未来：以江苏省为例

06 第六讲
改造传统产业，以"新"推进智改数转网联

07 第七讲
新质生产力下的现代化产业体系

01

◈ 第一讲 ◈

发展新质生产力，激活
经济新动能

导　读

　　新质生产力理论是对马克思主义生产力理论的发展，为各行各业开辟发展新领域新赛道、塑造经济发展新动能新优势、加快实现中国式现代化提供了科学指引。

　　新质生产力是以智能化技术尤其是"算力"为代表的新质态生产力，与建设现代化产业体系互为前提、互为补充。现代化产业体系是加快形成新质生产力的产业基础，新质生产力的形成发展过程是对现代化产业体系的重塑。

　　第一讲我们将围绕"如何读懂新质生产力"这一核心主题，重点为读者辨析、解释发展新质生产力中存在的若干关键性问题，试图廓清当前社会各界对发展新质生产力的一系列认知误区，全景式地为各行各业的人士解读关于新质生产力的四个热点话题：

- 什么是新质生产力？
- 新质生产力究竟"新"在何处？
- 关于发展新质生产力存在哪些常见的认知误区？
- 发展新质生产力过程中需要防止出现哪些乱象？

习近平总书记指出："新质生产力是创新起主导作用，摆脱传统经济增长方式、生产力发展路径，具有高科技、高效能、高质量特征，符合新发展理念的先进生产力质态。它由技术革命性突破、生产要素创新性配置、产业深度转型升级而催生，以劳动者、劳动资料、劳动对象及其优化组合的跃升为基本内涵，以全要素生产率大幅提升为核心标志，特点是创新，关键在质优，本质是先进生产力。"⊖

加快发展新质生产力，将在第四次工业革命条件下催生新产业、新模式、新动能，为中国经济塑造持续稳定发展的动力机制，它是实现中国式现代化的底气所在，也是推动全球经济持续健康发展的重要途径，将为世界经济新一轮的复苏与长期稳定的发展注入新的活力。

⊖ 习近平总书记在主持二十届中共中央政治局第十一次集体学习时提出。

什么是新质生产力

新质生产力是否存在明确的内涵边界

目前有一些观点认为，新质生产力没有明确的内涵边界，"新质"本身就不可能有明确的内涵和外延，因为"新质"一词是随着技术发展而不断更新的，具有强烈的不确定性。持这种观点的人认为，设立一个内涵和外延都不明确的具有宏大目标性的概念，在实践中容易让人摸不着头脑，这既容易产生"新质生产力是个筐，什么都能往里装"的不良后果，也容易让大家陷入"既要、又要、还要"的思维逻辑。

确实，新质生产力是技术取得革命性突破后催生的、以当时的先进技术和新产业为代表的先进生产力。新质生产力这个概念具有历史性、阶段性和动态性等特点，其内涵和外延是随着技术变革而变化的。

从技术革命的角度看，生产力的发展可以简单地概括为

"五个力"的演化过程，即"人力→马力→电力→网力→算力"。每一次技术的重大变革，都对应着不同质态的生产力，带来新产业，创造新价值，形成新领域、新优势、新赛道，发展新动能。[○]因此，在社会日渐网络化、信息化、数字化、智能化的现实条件下，新质生产力就是以智能化技术尤其是以"算力"为代表的新型生产力，它的内涵边界是可以确定的。

习近平总书记指出，新质生产力"以全要素生产率大幅提升为核心标志"。[○]这就涉及对衡量新质生产力的"效能"的认识。全要素生产率（TFP）是衡量生产效率和技术进步的关键指标，它反映了企业在生产过程中，除了劳动和资本投入，技术进步、管理创新、组织变革等因素带来的生产率提升。

对于全要素生产率的内涵和估算方式，目前理论界还存在一些争议，大家并没有形成规范性的共识，因此在实践中，可能某些地区为了数字好看而操纵或滥用计算方法。其实，这个问题并不难解决。统计上是可以对测量方法进行权威的、标准化规定的，用一把尺子衡量所有地区，就不会存在这些问题。

此外，社会上有人对目前提出加快发展新质生产力的动机存在误解，认为这是在复杂的国际国内政治经济背景下，因开放发展受阻，对原有体制机制改革创新难以进行，从而指望依靠科技创新来发展经济。关于这一点，习近平总书记说得很明白，发展新质生产力，必须进一步全面深化改革，形成与之相

○ 刘志彪、凌永辉、孙瑞东：《新质生产力下产业发展方向与战略——以江苏为例》，《南京社会科学》2023 年第 11 期。

○ 习近平总书记在主持二十届中共中央政治局第十一次集体学习时提出。

适应的新型生产关系。[○]因此，加快改革开放是加快发展新质生产力的主要手段和工具。扩大和深化开放既是改革，也是创新，它可以有效地拓展新质生产力的发展空间。

第四次工业革命与新质生产力

1. 工业革命演进中的生产力跃迁

众所周知，人类社会已经经历了数次重大的工业革命，并且每一次工业革命都使得生产力发生跃迁，对人类社会生产和生活方式产生了巨大的影响，成为人类社会不断演进的动力。

第一次工业革命大约从 18 世纪 60 年代发轫，以蒸汽机的发明和应用为标志。这场动力变革使得机器生产代替手工劳动，真正意义上的工厂开始出现，劳动生产效率大大提升。第一次工业革命虽然是从英国的纺织工业起步的，但很快就扩散到钢铁、运输及其他工业部门，同时还蔓延至北欧和北美。

第二次工业革命始于 19 世纪 60 年代后期，电力技术成为通用技术，这不仅使一些原有的传统行业出现了新的形式，例如通信业出现了电话、电报，运输业出现了有轨电车等；同时，内燃机也在第二次工业革命中被发明了出来，由此出现了一些诸如化学、石油等新型的工业部门。第二次工业革命还诞生了大规模生产这种组织方式，极大地推动了生产力的发展。

第三次工业革命始于 20 世纪中期，其标志性技术主要为信息技术，人类社会进入了信息化和柔性化生产时代。在这一

○　习近平总书记在主持二十届中共中央政治局第十一次集体学习时提出。

阶段，科学和技术之间的联系变得更加紧密，这不仅使得知识转变为财富的过程被大大缩短，而且也使得技术被认为是获得和保持产业领先优势的最主要因素。

从上述对三次工业革命及其推动生产力进步的简要回顾中我们可以认识到，科学技术很显然是第一生产力。

当前，以大数据、物联网、人工智能等技术为驱动力的第四次工业革命正以前所未有的态势席卷全球。

德国、美国、日本等发达国家均已经就第四次工业革命进行了战略布局。例如，德国在 2011 年提出"工业 4.0"战略，目的就是利用大数据、物联网等技术促进物与人的深度连接，实现产品制造流程的自动化，从而构成产业链上企业合作的信息物理系统（Cyber Physical System，CPS）。

与德国强调的"硬"制造有所差别，美国应对第四次工业革命的战略措施着眼于工业互联网等"软"实力。这一概念最早由通用电气在 2012 年提出，通用电气致力于发展一个"通用蓝图"，使各个厂商设备之间可以实现数据共享。同年，美国政府宣布启动"国家制造业创新网络计划"，集中力量推动数字化制造、新能源以及新材料应用等先进制造业的创新发展。

日本在 2015 年公布"机器人新战略"，提出要保持日本的机器人大国的优势地位，促进信息技术、大数据、人工智能等与机器人的深度融合，引领机器人的发展。⊖值得注意的是，我国也在 2015 年颁布了《中国制造 2025》。《中国制造 2025》

⊖ 郧彦辉：《主要发达国家智能制造战略及启示》，《中国发展观察》2020 年第 21 期。

力争通过"三步走"实现制造强国的战略目标，其中第一步目标之一就是制造业数字化、网络化、智能化取得明显进展。

世界上各主要国家对第四次工业革命的战略布局表明，第四次工业革命将极大地赋能工业结构转型，促进制造业与服务业的深度融合，从而为全产业链带来颠覆性的生产力变革。

正如习近平总书记在 2013 年十八届中共中央政治局第九次集体学习时所指出的："新一轮科技革命和产业变革正在孕育兴起，一些重要科学问题和关键核心技术已经呈现出革命性突破的先兆，带动了关键技术交叉融合、群体跃进，变革突破的能量正在不断积累。即将出现的新一轮科技革命和产业变革与我国加快转变经济发展方式形成历史性交汇，为我们实施创新驱动发展战略提供了难得的重大机遇。"

第四次工业革命下发生变革的生产力，从当前来看，就是以"算力"为代表的新质生产力，表现为劳动者、劳动资料和劳动对象在新的组合或升级下，生产力出现从量变到质变的发展。因此，第四次工业革命下的新质生产力也将表现出一些区别于以往工业革命时期的突出特征。

- **智能化**：制造模式智能化，大规模定制的产品制造方式逐渐兴起。
- **融合化**：产业形态融合化，服务型制造的新业态、新模式不断涌现。
- **绿色化**：生产结构绿色化，环境友好型的生产生活方式日益形成。

2. 如何理解第四次工业革命下的新质生产力

为了更加全面地认识和理解第四次工业革命下的新质生产力，接下来我们从以下四个关键维度来做进一步的分析。

维度一：质与量的关系。

新质生产力的"新质"，是指质变（生产力飞跃性突破）而非量变（生产力增长过程），因此新质生产力是能够达到质变级别的生产力。正如前面对工业革命演进中生产力跃迁的分析所表明的，能够达到质变级别的生产力，一定是发生了动摇产业基础逻辑的技术革命，即"马力→电力→网力→算力"的动力变革、效率变革和质量变革，而每一次技术革命都代表质变，都形成了新质生产力。

维度二：时间的接续性。

从历史的纵向演进来看，每一次工业革命推动形成的新质态的生产力，都有与其相适应的主导产业体系和结构，其具体表现我们可以从不同的时代特征来加以说明。

- **"马力"时代**：产业体系和结构以纺织工业等传统制造业为主导。
- **"电力"时代**：产业体系和结构以电力工业、石化工业、钢铁产业、机械工业等产业为主导。
- **"网力"时代**：产业体系和结构以电子信息、网络通信等产业为主导。
- **"算力"时代**：即当前，大数据、物联网、人工智能等都是可能主导未来技术路线的新技术。尽管其中有很大的不确定性，但毫无疑问的是，这些技术驱动的战略性新兴产业和未来产业显然是对过去以"电力"为代表的重化工业的颠覆性变革。

当然，这是一种历史建构主义下的事后观察结果。如果我们回到历史进程中的阶段，就不难发现，在每一次工业革命伊始，其实都很难确定主导技术路线和产业体系。在当时，我们都将这些称为战略性新兴产业或者未来产业。

维度三：核心技术。

当然，并不是所有人都认同当前正在发生的新工业革命是第四次工业革命，也有观点认为它只是第三次工业革命的延续或者深化。为什么会出现这种分歧呢？这其实就涉及对核心技术的认识和理解。

第三次工业革命是由信息技术推动的，而第四次工业革命则是由智能化技术推动的，两种技术有着根本性的不同。简单举例来说，信息技术下的计算程序在出现原始设定之外的差错时，需要进行人工编码干预，否则该计算程序不会做出任何反应。但是在智能化技术下，计算程序将会自行处理异常并不断进行调整和优化。

当前，人工智能已成为最具变革性的技术力量，它正在深层次地改变着数字世界、物理世界、生物世界。例如，当前生物智能大模型已逐步应用于人体、人脑、医疗机器人等，它们正在通过重构应用生态进而重塑产业格局，与移动互联时代相比，大模型创造的产业机会至少要再多十倍。

维度四：构成因素。

劳动者、劳动资料和劳动对象是构成生产力概念的三种基本要素，在新质生产力范畴下，这三种要素也会相应发生新的质变。

- **"新质"下的劳动者**。新质生产力下的劳动者，主要是指熟练掌握网络数字技术的知识型、技能型劳动者。在传统的生产体系中，劳动者是最主要的生产要素之一，但随着人口结构的变化，劳动有效供给逐渐减少，供需矛盾需要引入新的生产方式加以解决。[一]随着新质生产力的不断涌现，一方面我们可以用机器替代普通劳动，另一方面新质生产力也将催生大量掌握新知识、新技术、新技能的劳动者，从而彻底改变要素投入结构。

- **"新质"下的劳动资料**。新质生产力下的劳动资料，是指数字技术赋能的劳动手段，既包括工业机器人、工业母机等硬件形态的实体性劳动手段，也包括数据库、操作系统等基础软件性质的非实体性劳动手段。由此，产业体系中的生产组织方式也将继机械化、大规模生产、柔性制造之后，出现智能制造这种新的主导范式，并且引致劳动结构新的变化。

[一] 谢伏瞻：《论新工业革命加速拓展与全球治理变革方向》，《经济研究》2019 年第 7 期。

- **"新质"下的劳动对象。**新质生产力下的劳动对象主要体现为伴随新技术变革而出现的新材料、新要素等。其中，数据资源将逐步成为新质生产力的关键要素。以人工智能为例，其核心是算法，而算法需要海量的数据作为前提和支撑，只有通过对数据不断进行训练和优化，才能形成真正的"算力"。

新质生产力究竟"新"在何处

在人类财富创造的生产过程中，劳动者凭借生产经验、劳动技能和知识，不断运用和改进劳动资料，并作用于劳动对象，生产出对人们有用的劳动产品。这一财富创造的生产力发展过程，体现为劳动者、劳动资料、劳动对象这三种要素的共同有机作用。

由于任何生产过程都需要通过相应的指挥、组织和协调去管理这三种要素的相互作用，因此，对新质生产力来说，其"新"主要体现为劳动者、劳动资料、劳动对象三种要素新的升级，有新的内涵、新的介质、新的本质，以及指挥、组织和协调要素的管理体制机制的不断创新与进步。

对于这部分内容，我们采用一个简单的公式来加以说明。从现代生产函数的形式来看，假如原有的在 t 期未发生重大技术创新时的生产函数为 $Y_t = A_t K_t^{\alpha} L_t^{\beta}$，而在新的 $t+1$ 时期，发生了新的重大技术革命，因此新质生产力下的生产函数是

$Y_{t+1} = A_{t+1}K_{t+1}^{\alpha}L_{t+1}^{\beta}$ ，式中，Y、A、K、L 分别表示产出、广义技术进步率、资本和劳动力，其中 $K=K_1+K_2$，K_1 指劳动资料，K_2 指劳动对象。

由于在 $t+1$ 时期，劳动力、劳动资料和劳动对象以及管理体制机制等，相对于在 t 期，都发生了新的质态的变化，因此 Y_{t+1}/Y_t 代表新质生产力的增长效果。新质生产力的"新"效果由以下 4 个新质要素的相互作用而致。

1. 聪明的脑袋："新质"劳动者

"新质"劳动者 L 通常是指掌握了以"网力""算力"为代表的新知识、新技术、新技能的劳动者。一般的劳动者，只是指达到法定年龄、具有劳动能力，以从事某种社会劳动获得的收入为主要生活来源的自然人。新质生产力下的劳动者，在当前发展阶段，主要是指能够熟练掌握网络数字技术的知识型、技能型劳动者。它们是新质生产力中"聪明的脑袋"，是其中最主动、最积极、最活跃的要素，需要通过教育、产学研合作来培养，也需要通过高水平开放从国外吸收引进。

2. 坚强的心脏："新质"劳动资料

"新质"劳动资料 K_1 通常是指嵌入了"网力""算力"等智能化技术的新的劳动资料。劳动资料是生产过程中用以改变或影响劳动对象的一切东西。在"算力"时代，新的劳动资料指的是数字技术赋能的劳动手段，既包括工业机器人、工业母机等硬件形态的实体性劳动手段，也包括数据库、操作系统等基础软件性质的非实体性劳动手段。实体性劳动手段是指机器设备在新质生产力下被嵌入了密集的人力资本、知识资本和技术资本；非实体性劳动手段是指算法、软件、网络等。"新质"劳动资料是新质生产力的"坚强的心脏"。

3. 起飞的翅膀："新质"劳动对象

"新质"劳动对象 K_2 通常是指嵌入了"网力""算力"等智能化技术的新的劳动对象。劳动对象是指自己的劳动加在其上的一切物质资料，一类是没有经过加工的自然环境中的物质，如矿藏、森林；另一类是经过加工的原材料，如传统生产力下的棉花、钢铁、石油等。在新质生产力的内涵下，新的劳动对象主要体现为数据要素。数据要素跟工业的血液——石油和电力一样，是数字化、网络化、智能化的基础，是新质生产力发挥高效率的本质性因素，是生产力"起飞的翅膀"。

4. 领航的力量："新质"的经济体制机制

"新质"的经济体制机制通常是指服务于协调"网力""算力"为核心的生产过程的包含在剩余项 A 中的新的经济体制机制。这个因素因为无法归纳到上述 L、K_1、K_2，而在剩余项中单独考虑。需要注意的是，除了体制机制因素，A 中还包括不能归入 L、K_1、K_2 因素的其他技术进步因素。生产力决定生产关系，不同生产力的技术，决定采用何种经济体制机制。在马力、电力主导的时代，经济体制机制要重点围绕劳动力、土地、资本等要素进行激励、组织等协调，而在"网力""算力"为王的时代，经济体制机制创新的重点是如何激发和运用好人力资本、技术资本和知识资本的发展潜能。因而，经济体制机制创新的速度和配合程度也会反过来决定各种新质生产要素的组合方式和使用效率。

由上述新质要素构成的新质生产力，表现为在特定的经济体制机制下，新质的劳动者运用新质的劳动资料，作用于新质的劳动对象，生产出新质的劳动产品。当然，如果因种种原因，各要素、技术、知识发展出现不均衡、不配套的情况，则新质生产力可能会表现为某种非效率的其他组合方式，例如，如果社会不能够提供一大批受过数字技术和技能训练的劳动者，那么即使有了新的技术设备和软件系统，新质生产力的效果也无法正常地表现出来。一般来说，新质要素之间发展的不协调、非均衡和不协同，或某一方长期处于发展的短板或瓶颈状态，往往是经济体制机制改进和创新不及时、力度不够所导致的。

关于发展新质生产力存在哪些常见的认知误区

现实中，人们如果对发展新质生产力本身的认知存在不足或缺陷，往往就会蛮干，导致做偏或做错，由此造成严重的失误和浪费。这是我们在发展新质生产力的过程中必须要防范的首要问题。我们一起来看看关于大力发展新质生产力人们常见的几个认知误区。

1. 误区一：发展新质生产力，就是经济战线干、其他战线看

发展新质生产力是推动高质量发展的重要着力点，而高质量发展涉及经济社会发展的方方面面。经济战线、科技战线因与发展新质生产力的直接需求高度相关，所以需要先行动，但这不代表其他战线与发展新质生产力就毫无关系。

在教育战线，人力资本是发展新质生产力最为关键的要素。"高科技、高效能、高质量"是新质生产力的三个重要特征，科技创新是新质生产力的核心要素。科技创新需要人才来推动，而人才的培养需要依靠教育来实现。因此在教育上，我们要加快更新育人理念，不仅要加快培养满足未来产业发展要求、能实现颠覆性创新的高层次人才，同时更要关注教育产业发展各环节的需求，解决高等教育、职业教育人才培养与产业发展供需错位的矛盾。

在文化战线，文化创意产业是新质生产力重要的应用场景。新质生产力也为发展传统文化提供了新的模式，通过虚拟现实（VR）、增强现实（AR）等技术的应用，可以让古籍、文物、非物质文化遗产等焕发出新的生命力。

在医疗健康领域，新型科技模式、新型技术和药物等的迭代，能够强化对慢性病的管理和有效应对流行病的威胁；医疗健康专业大模型库的建设，将有助于新药研发、疾病预防、诊断康养以及打造未来的数字医院和数字医生，等等。

在绿色发展领域，"绿色发展是高质量发展的底色，新质生产力本身就是绿色生产力"，[⊖]这一重要论断深刻揭示了新质生产力与绿色发展之间的内在联系。一方面，积极发展新能源

⊖　习近平总书记在主持二十届中共中央政治局第十一次集体学习时提出。

产业、节能环保产业，能够加快形成高效生态产业集群；另一方面，用新技术改造传统高能耗产业，也有利于加快形成科技含量高、资源消耗低、环境污染少的产业结构。

2. 误区二：发展新质生产力，就是先进地区的事情

东南沿海等先进地区产业基础雄厚、先发优势明显，更有利于培育发展新质生产力。这一观点虽然有一定的道理，但需要注意的是，新质生产力正是 2023 年 9 月习近平总书记在黑龙江考察时结合东北地区的现实情况和战略地位首次公开提出的。东北地区拥有良好的自然禀赋和强大的重工业体系，为我国工业化进程做出了大贡献。但伴随着改革开放和第三次工业革命，东北地区的发展却在某种程度上相对滞缓。

为扭转这一局面，2003 年 10 月，中共中央、国务院发布《关于实施东北地区老工业基地振兴战略的若干意见》，这标志着东北振兴战略的正式启动。迄今二十余年，客观来看，2012年以前的十年，在以强调资源调配和基础设施建设为主的多项政策叠加效应下，东北地区经济一度快速发展，东北三省经济增长速度与全国平均水平相当。

2013 年之后，中国经济进入新常态，这一时期东北地区的产业政策明确瞄准了企业（尤其是工业企业）结构调整、创新创业激励、民生改善以及供给侧结构性改革，以期构建经济发展的长效机制。

但我们也需认识到，东北地区并未有效解决内生增长的动力问题，制约东北地区长远发展的因素仍未得到根本性改变。

东北地区的人口尤其是高素质人才仍然呈现外流状态，城市化质量与经济发达地区差距愈加明显，产业结构也不够合理，经济下行压力增大。

以东北地区为代表的"后进地区"如何重振经济、摆脱困境，是我们发展新质生产力需要破解的重要现实问题。同时，我们也应该看到，以"算力"为核心驱动力的第四次工业革命浪潮的来临，也为资源型、重工业型区域"换道起跑""换道超车"提供了新的机遇。

因此，新质生产力理论指导下的"东北再振兴"，不是在"老工业基地"原有基础上的简单恢复重振，而是寻求新的发展动能，再造新的产业体系；不是仅仅强调基于比较优势理论发展传统产业，而是运用新的生产力理论加快发展新兴产业，加快布局未来产业。

具体来说，在传统产业领域，东北地区拥有良好的自然禀赋和强大的重工业体系，产业基础优厚，在大数据、物联网、人工智能等技术的加持下，将能够顺利实现"智改数转"。在未来产业领域，东北地区丰富的土地、能源资源和低温环境也利于布局算力中心，从而为培育壮大高端装备、新材料、新能源、生物医药等新兴产业赋能。此外，新质生产力强调科技创新和高附加值的生产方式，也可以应用于农业领域。东北地区是国家的重要粮仓，每年为全国提供约三分之一的商品粮。因此，东北地区可以通过发展数字化农业、智能农业和精准农业，提高粮食的产量和质量，减轻农业对生态环境的压力。

3. 误区三：发展新质生产力，进行"智改数转"就足够了

在现实中，人们常常有个疑惑：以智改数转推进新质生产力发展就足够了，为什么还要更加注重网络化联接（简称"网联"）呢？

我们知道，制造业的"智改"和"数转"是企业硬件智能化改造以及软件集成化应用的叠加，企业通过组织流程再造和数字化嵌入，能够全面提升设计、生产、管理和服务等方面的新质态技术水平。"网联"则是依托工业互联网，实现产业链上下游企业、制造业企业与数字服务企业的高效联接。当前，我国制造业数字化改革普遍面临的问题是"智改、数转、网联"三者不协同，主要原因在于以下三个方面。

- **集成陷阱**：大型企业往往拥有多个信息系统，但系统间的集成性较差，企业全局优化需求与碎片化供给产生难以调和的矛盾。具体表现为：各个职能部门的信息系统建设各自为政，忽视系统间的连接与集成，信息孤岛问题严重。
- **中小企业陷阱**：目前在我国中小企业的智改数转中出现了"五不敢"的现象：①缺少专业人才，"不敢转"；②缺钱缺技术，"不愿转"；③设备制式数据标准不统一，"不能转"；④缺后续服务，"不会转"；⑤头部企业示范作用不强，中小企业缺抓手，"不擅转"。
- **"智改数转"模式亟待变革**：如果没有整个产业链规模

化的"智改数转"，就无法快速降低"智改数转"服务商的边际成本，从而反向制约了"智改数转"工作的推进。"智改数转"改革要加强信息网络的联接，使"网络效应"得以充分发挥。

在实践中，"智改数转网联"行动有"全国两化融合看江苏，江苏工业互联网看苏州"的说法。从苏州探索的实践经验来看，在高质量发展要求下，政府积极主动作为，企业服务中心、行业协会支持力度大，产业化资金运作效率高，智能化改造的软硬件供应商高度集聚，在这些因素的共同作用下，苏州拥有了一批自动化水平较高的工业企业。由政府、行业协会、金融机构、大学、研究所和职业培训机构等支撑体系构建的高效协作体系，促使苏州以产业链、产业集群方式来推动"智改数转"工作。[○]可以说，这是一条存量企业发展新质生产力，形成巨大增长极，实现高质量发展的转型升级之路。

4. 误区四：发展新质生产力，只要实现高质量发展就够了

高质量发展是体现新发展理念的发展，是创新成为第一动力、协调成为内生特点、绿色成为普遍形态、开放成为必由之路、共享成为根本目的的发展。[○]加快推动高质量发展，就需要形成新的产业、新的模式、新的动能，就需要在生产力水平

○　刘志彪、徐天舒：《我国制造业数字化改造的障碍、决定因素及政策建议》，《浙江工商大学学报》2023年第2期。
○　刘志彪、凌永辉：《结构转换、全要素生产率与高质量发展》，《管理世界》2020年第7期。

上实现更大突破、更大发展。新质生产力是创新起主导作用的先进生产力，具有高科技、高效能、高质量的特征，为推动高质量发展提供了重要着力点。

一方面，在数字化、智能化、绿色化的发展趋势下，原有的生产力理论需要随之完善，以适应新的生产力变革和发展要求。随着第四次工业革命的到来，新质生产力引领带动生产主体、生产工具、生产对象和生产方式变革调整，推动劳动力、资本、土地、知识、技术、管理、数据等要素充分参与到生产过程中，数字与"算力"逐渐成为经济发展的新动能，对生产函数造成变革性的影响。同时，在工业化、城市化、农业现代化并联发展的现状下，绿色发展也成为发展模式的新要求。

另一方面，高质量发展在实践中的成效与问题，需要新的生产力理论予以总结和应对。我们应当注意到，现阶段高质量发展也存在不少的制约，例如，一些关键技术面临"卡脖子"困境，产业门类全而产业结构尚不够优，全国统一大市场建设面临诸多障碍等。面对这些问题，如何在当前进一步推动高质量发展，也需要我们在理论上进行总结、概括，以新的生产力理论来指导新的发展实践。正如习近平总书记强调的，"新质生产力已经在实践中形成并展示出对高质量发展的强劲推动力、支撑力"[⊖]，从这个角度来讲，发展新质生产力是对高质量发展在理论上与实践上的指导与回应。

⊖ 引自习近平总书记于 2024 年 1 月 31 日在二十届中共中央政治局第十一次集体学习时的讲话，刊于《求是》杂志 2024 年第 11 期。

发展新质生产力过程中需要防止出现哪些乱象

针对以上种种认知误区，我们应该如何防范发展新质生产力中可能出现的某些问题呢？关于这一问题，我们主要围绕我国经济发展体制机制的特征以及产业政策的实施方式来进行相关的思考。概略来讲，我们需要特别注意在发展新质生产力的过程中出现的一些现象。

1. 防止出现"新瓶装旧酒"的现象

"新质生产力"这个概念的内涵和外延是随着技术的变革而变化的，因此容易导致其概念被大众误解与泛化，从而使各地为追随潮流趋势而滥用。例如，在实践中，既然强调现在各行各业都要发展新质生产力，那么一些官员可能就会将其等同于发展战略性新兴产业和高新技术产业，把主要资源一窝蜂地投入一般性的战略性新兴产业中，或者把一些处于低技术环节但具有战略性新兴产业名称的产业都标榜为"新质生产力"的范畴，从而导致出现"新瓶装旧酒"的现象。更有可能出现的不良现象则是：片面强调发展高技术产业，忽视传统产业改造、适用技术发展以及对现有产业进行智改数转网联。

2. 防止出现新一轮经济泡沫现象

在现有经济体制下，大家往往会形成只关注产值、生产能力、投资等习惯性偏好，通常不太考虑本地的实际情况、实际市场需求约束，这就很容易导致在发展新质生产力的热潮中投资过度和产能过剩。

3. 防止出现各种违反因地制宜原则的现象

从推动主体的管理方法的特点来看，在地方政府主导型产业政策格局下发展新质生产力，用行政手段推动和下达指标，以各种补贴创造"洼地"，进行业绩的政绩考核等，是各地在发展新质生产力的过程中有可能采取的措施，但这些措施也有可能产生以下三种后果：其一，如果政府明确界定了新质生产力的新产业范围，在各地用行政手段推进发展时，就有可能很快出现这些行业的项目投资过多、产能过剩严重的现象；其二，各地有可能制定各种简单的指标来考核增长；其三，各地有可能会不顾客观条件的限制，以各种明补和暗补的方式竞争性地追逐新质生产力项目，这不仅有可能导致地区间的进一步非均衡发展，也可能会破坏统一大市场的建设。

4. 防止出现地方政府债务过重的现象

有的地方政府过去在发展中累积了过多债务，负担沉重，缺乏通过高投入发展新质生产力的实际财力基础。如果不顾实际条件约束，一哄而上，就必然需要借助于更多的商业银行贷款。若继续这种发展模式，除了会挤压公共事业投入，还有可能会产生许多产业泡沫，造成进一步的浪费。

持续健康地发展新质生产力，必须首先要改革旧的发展体制，让市场更多地在资源配置中起决定性作用。同时，对于一些具有战略性重要地位的、体现新质生产力内涵的新产业，如脑科学、新材料、新能源等未来产业，以及基础性的"算力"类产业，要通过加快产业政策的改革与转型来大力支持。

　　例如对少数未来产业，在发展策略上要变地方主导型产业政策为中央主导型产业政策，在战略规划、基础投入、空间布局等方面加强全国"一盘棋"的作用。对于绝大多数新产业、新能源、新技术、新赛道，在产业政策的实施方法上，要重点支持处于产业链前端的技术创新环节，减少支持产业链后端的产能扩张环节。

　　产业政策如果过多地支持产能复制式扩张，则很容易导致产能过剩，而重点支持产业链的技术创新环节，则可以迅速解决"卡脖子"、产业链短板等问题。

　　在工具选择上，产业政策要从主要补贴生产者转变为主要补贴消费者。主要补贴生产者的方法，不但会刺激并导致快速的、严重的产能过剩，而且也容易导致出现各种骗补、行贿受贿等现象。而补贴消费者的方法，可以通过消费者的"货币投票"，在产业竞争中选出真正的"强者"，这种方法不仅可以避免上述种种问题，还可以刺激和扩大市场需求，发挥规模效应。产业政策的重点要从挑选输家赢家转向创造竞争环境。没有经过残酷的市场竞争，就事先挑选出赢家，这样的产业政策可能会鼓励企业对政府的公关活动并助长腐败。产业政策应该竞争化使用，避免只保护竞争而不保护竞争者，应该通过竞争提升国家高质量发展水平。

◎ 结语 ◎

　　新质生产力是一个具有明确内涵和外延的概念。从技术革命的角度看，生产力的发展经历了"人力→马力→电力→网力→算力"的演进过程，每一次技术的重大变化都对应着不同质态的生产力，带来新的产业，创造新的价值，形成新领域、新赛道，发展新动能。新质生产力"新"就"新"在劳动者、劳动资料、劳动对象三种生产要素新的升级上，新质态的生产力通常会伴随新的内涵、介质、本质、体制以及管理体制机制的不断创新与进步。

　　关于如何发展新质生产力，在现实中，往往会有一些常见的认知误区：发展新质生产力，就是经济战线干、其他战线看；发展新质生产力，就是先进地区的事情；发展新质生产力，进行"智改数转"就足够了；发展新质生产力，只要实现高质量发展就够了，等等。关于如何防范发展新质生产力中可能出现的问题，各行各业也应该特别关注，防止出现"新瓶装旧酒"的现象、新一轮经济泡沫现象、各种违反因地制宜原则的现象以及地方政府债务过重的现象，等等。

02

◎ 第二讲 ◎

塑造新型生产关系，迸发生产要素新活力

导　读

　　经过改革开放四十多年的洗礼，在新一轮的以"智能化技术"为特征的第四次工业革命中，加快发展新质生产力将可能使中国走出中等收入陷阱并处于世界发展的前列，成为全球新质生产力的中心。发展新质生产力，既是加快发展的命题，也是改革的命题。

　　从跟跑到并跑再到领跑，中国在发展进程中学习模仿的空间逐步收窄。为了降低发展新质生产力的探索成本，各行各业都需要塑造与之相适应的新型生产关系，尤其是要坚持社会主义市场经济改革的基本方向，让市场成为资源配置的决定性机

制，主要依靠市场竞争来提升技术创新水平，实现产业体系的现代化。

根据新质生产力发展的内在要求，及时调整所有制关系、交换关系、分配关系等并塑造新型的生产关系，是全面深化改革、发展新质生产力的主要着力点。

第二讲将聚焦算力时代的新型生产关系和优质生产要素，围绕"如何发展新质生产力"，重点解读阐释三个核心问题：

- 如何发展新质生产力，走出中等收入陷阱？
- 如何全面深化改革，让新质生产力走得更远？
- 如何使生产要素迸发出新活力，打通影响经济发展的堵点卡点？

通常来讲，要加快发展新质生产力，就需要形成与之相适应的新型生产关系。在算力时代，未来我们更需要根据智能化机器的发展进程与水平，对经济体制与政策进行全方位的调整及改革，从而塑造新时代的新型生产关系，使生产要素迸发出新活力，助力经济高质量发展。

塑造新型生产关系，走出中等收入陷阱

习近平总书记在二十届中共中央政治局第十一次集体学习时强调指出："发展新质生产力，必须进一步全面深化改革，形成与之相适应的新型生产关系。"实践证明，加快发展新质生产力，既是加快发展的命题，也是进一步改革的命题。

智能化技术革命下的新型生产关系

生产关系是人们在物质生产过程中形成的社会关系，它反映的是人与人之间的经济利益关系，包括生产资料所有制的形式、人们在生产中的地位和相互关系以及产品的分配状态等。在第四次工业革命的浪潮下，以智能化技术为代表的新质生产力的发展，将会塑造与之前不同的新型生产关系形式、结构与性质。

众所周知，第四次工业革命发生了动摇过去产业逻辑的重大的技术范式变革，将会带来生产力的革命性飞跃。从人力到蒸汽机的马力，从马力到电力，从电力到数字化革命的网力，前三次工业革命的基本特征都是用非自然的马力、电力和网力去替代人的自然体力和一部分脑力。

如果说在第三次工业革命的"网力"时代，电脑只是根据聪明的人给定的程序和指令去辅助人的脑力劳动的话，那么在以智能化技术为主要特征的第四次工业革命，具有深度思考、自主决策能力的人工智能，不但会替代人的体力劳动，而且会替代或者部分替代人类的脑力劳动。因此，新质生产力本质上是以智能化技术尤其是"算力"为代表的、逐步替代人类自然劳动的新质态的生产力。

这种新质态的生产力会要求生产关系如何变革，会产生哪些决定性影响呢？

从总体上看，智能化机器将直接承担社会财富的创造和社会服务功能，占据生产力发展的主导地位。抽象地看，在以智能化技术为代表的新质态的生产力下，有独立意识和决策能力的智能化机器的嵌入，将会导致出现以下四种新型生产关系：

- **人—人关系**：人与人之间的关系。
- **人—机关系**：人与智能化机器之间的关系。
- **人—机—人关系**：基于共识机制和智能合约建立的关系，即人通过机器与人建立的关系。
- **机—机关系**：机器与机器之间的关系。

生产关系结构和形态的演变将带来其性质的巨大转变，由此也会要求经济基础与上层建筑发生相应的改变。与前三次工业革命下的生产关系变革相比较，算力时代的新型生产关系至少具有以下几个重要的特点与变化趋势。

1. 所有权关系发生变化

所有权关系是最基本的起决定作用的生产关系。

前三次工业革命下的所有权关系，虽然在形式上发生了巨大的变化，如从业主制发展成现代股份制，知识、技术在其中的重要性日益显现，但是物质资本始终是生产要素的核心，在剩余索取权的分配中占据主导地位。

在智能化机器逐步成为新质生产力的核心后，相应的所有权关系至少有如下两个重要的变化。

一是确立智能化机器在财富创造中的主导地位，这需要事先投入巨大物质资本，一般只有国家资本或大财团才有这种实力，因此在新质生产力发展的早期阶段，中心意识可能会被进一步强化，而不是像某些预测所说的那样被弱化，或者物质资本所有权的利益会进一步被强化。

二是与此相反的力量，即因主导智能化机器生产的是人类的知识劳动，需要有各种软性生产要素的支撑，因此知识、技术、管理、信息、数据等都成为软性生产资料，这些软性生产资料都可能要求获得一定的剩余索取权，这使得所有权的形式、内容与范围都有所扩大；同时，与软性生产资料的所有权相比，物质形态的所有权的地位和作用强度降低，软性生产资料的重要性与势能迅速提升。

2. 组织形式发生变化

劳动组织形式是人们组织劳动的方式，包括劳动分工、协作方式以及管理层与劳动者之间的关系等。

前三次工业革命下的劳动组织形式，虽然从手工劳动走向了机器化生产，在劳动规模、分工范围、协作程度以及劳动管理方式上都发生了巨大的变化，如从企业内部分工协作发展到了全球产品内分工，但还是主要取决于"碳基人"（指人类）的自然体力与脑力，后者的有限性决定了劳动分工与协作的客观边界。

在智能化机器逐步成为新质生产力的核心后，因作为"硅基人"的智能化机器具有超越人类自然能力的超级劳动能力，不像"碳基人"要吃饭、睡觉、闹情绪，"硅基人"可以永远工作，因此分工协作完全听从人类管理者的命令，劳动过程既可以无限分割，也可以全球即时协调，理论上就不存在随着分工规模、范围扩大，分工的协调成本呈指数化增长的问题，也不存在劳资对立、管理者与劳动者冲突影响效率的问题。

3. 分配方式发生变化

在前三次工业革命下的分配方式中，虽然随着技术革命的深入，企业家才能、知识技术等软性要素在分配中的必要性与权重有所提高，但是非物质要素还不能成为决定企业命运的根本性力量，物质资本所有者仍然是企业的最终控制人。

在智能化机器逐步成为新质生产力的核心后，收入分配差距是会因此有所收敛，还是会继续被强化？为此我们需要考虑三种不利于收入分配均衡的力量：

- 资本追求利润的本性，会使智能化机器生产下的分配过程继续向投入巨量资本的所有者倾斜。

- 因智能化机器的效率高，市场先进入者会拥有一定的垄断优势，享受市场集中被提升所带来的巨大利益。
- 因人力资本、知识资本、技术资本是新质生产力的第一要素，各种算法、算力和数据成为直接决定企业生死存亡的变量，因此能够在这种智力游戏中胜出的少数顶尖人才，可能在争夺剩余索取权的博弈中获得重要地位与巨大利益。

由此我们可以推断，如果智能化机器时代与第一代和第二代互联网时代一样，不能做到真正去中心化，产权和利润归极少数人拥有的格局没有办法被打破，那么产权和社会财富就会因更高级的人工智能、互联网技术的出现而更加集中化。

4. 管理结构发生变化

从管理结构看，经济组织的管理方式通常包括决策过程、监督机制和激励制度等。

在前三次工业革命中，因转向大机器生产方式的巨型化、复杂化与专业化，"看得见的手"——管理协调成为实现企业管理现代化的一项基本机制，管理者与所有者、劳动者之间的界限比较分明，企业内部管理呈现科层制、命令化的刚性特征。

在人工智能与智能化机器的生产方式下，因机器可以更有效地处理复杂的任务，企业的最优规模、边界和组织结构将会改变，企业组织开始出现扁平化、虚拟化趋势，或者企业会变得灵活而小巧，由此人们在生产中的地位和相互关系的重要性大大降低，企业内部人与人之间的管理与被管理的关系开始弱化，直接的对立与冲突开始减少，人与机之间的管理协调关系等日益占据主导地位。因此，在智能化机器主导下，随着单纯体力劳动者数量锐减、脑力劳动者地位崛起，人们在劳动过程中的地位逐步趋于平等，柔性管理代替了刚性管理，即时办公、随处办公成为常态，每个劳动者都成为经营网络中一个平等合作的节点。

当然，在发展新质生产力的过程中，与之匹配形成的新型生产关系的表现形式并不局限于以上几种，而是极其多样化。例如，至少还有流通方式变革、消费模式变革、法律和规章制度的变化、社会阶层和阶级结构的变化、意识形态和文化的变化、国家与市场关系的变化、国际经济关系的变化等。这些表现形式不同的新型生产关系及其演化趋势，是未来经济学要关注的重要问题。

全面深化改革，市场有多大，新质生产力就能走多远

加快发展新质生产力，塑造新型生产关系，最需要采取的措施就是全力做好迎接第四次工业革命浪潮的准备，适应其内在要求，进一步全面深化对现实经济体制的改革，及时调整各项不合适的经济政策。关于这方面的内容，我们选择以下几点进行简单论述。

1. 深挖资本的价值

全面深化改革，需要深挖资本的价值，改变一切不利于塑

造新型生产关系的资本制度与政策。

首先，要在确立知识劳动价值论的基础上，对现有产权制度进行大胆的创新与改革，如在科技型企业中，要改变物质资本占据主导权的基本格局，让骨干科技人员持有企业的主要或大部分股份，使他们具有相应的决策权与分配权；要对现有的科技依赖型企业进行股权制改造，以让渡适当比例的企业股份的方式吸引全球优秀的科技人才，等等。

其次，在考虑资本的剩余索取权时，我们不仅要承认物质资本的贡献，也要承认人力资本、知识资本与技术资本的贡献，要让后者拥有一定的剩余索取权，允许对其进行市场化的价值评估并以适当方式将其纳入企业股份。

最后，根据资本运行的规律，不仅要允许对固定资产计提折旧进行再生产补偿，也要允许对人力资本进行估值并计提适当的"折旧"，用于企业员工的进一步学习、进修与培训，等等。

2. 破除市场之外的偏见

全面深化改革，需要破除市场之外的偏见，改变不利于塑造新型生产关系的行业制度性偏见与政策。

目前我们存在着一些所谓"物质产品"生产制造行业至上的认知误区，无论是在思想观念、统计体系、产值投资方面，还是在具体的税费政策、土地政策、价格管制等方面，都对服务业不够友好。另外，在就业政策取向上，大家经常把制造业而不是服务业当成就业的"蓄水池"，这在发展水平较低的、劳动密集型的制造业占据主导地位的工业化时代比较合适，但是随着自动化、智能化的发展，制造业已经成为提高国民经济效率与效益的最重要的部门之一，它不再承担就业"蓄水池"的重任，这个责任可能只能交给服务部门了。

一些不重视服务业的做法，除了不符合第四次工业革命下知识劳动创造价值的规律和新质生产力发展的趋势，也对中国的知识密集型服务业的发展产生了很强的抑制效应。未来新质生产力发展的潜力主要在现代服务业，现代服务业是知识经济的主要载体。破除不利于塑造新型生产关系的行业制度偏见与政策，并不是要求对现代服务业实施特殊的优惠政策与措施，而是要求对其实施与制造业同等的经济政策，包括进入（退出）产业的平等，税收、金融、补贴、投资、创新等的平等，把对不同行业企业的兴衰、优劣、存亡的评判权交给市场。

3. 激活劳动力市场的活力

全面深化改革，需要全面激活劳动力市场的活力，改变一切不利于塑造新型生产关系的就业与分配政策。

进入人工智能时代，一个最重要的变化是传统的劳动部门、劳动岗位、劳动方式等不断地被智能化机器所取代，导致劳动力市场发生结构性变化：一少部分最高级的知识劳动者成为人工智能技术与智能化机器的创造者，他们在分配中自然处于优势地位；一部分中高技能劳动者成为智能化机器的培育者、训练者、引领者，主要从事设计、编程等工作以及互联网软件协调和管控智能化机器的工作，他们成为社会的中等收入群体；大部分中低技能劳动者与机器的关系，变为"人从机主"的关系。

智能化生产资料越升级，生产自动化、无间断化的水平越高，需要配合和辅助智能化生产资料的低技能劳动者就越少。这类容易被替代的机械性、重复性和专业技能水平较低的劳动者，往往在竞争中处于弱势。

未来我们的就业、分配政策要适应这种结构分化的趋势：一方面我们需要考虑如何通过税收、社会保障等手段减少不平等，在智能化机器时代对低技能劳动者进行培训、援助与帮助；另一方面我们要破除轻视服务业的就业政策取向，加大对非制造业就业岗位和技能的培训力度，鼓励那些被智能化机器替代的劳动者转向规模日益扩大的服务业就业，创新服务方式，增加服务业的新业态。

4. 市场有多大，新质生产力的发展空间就有多大

全面深化改革，需要充分利用我国市场容量大的优势，改变不利于塑造新型生产关系的市场政策。

智能化机器具有很大的生产能力。未来各种颠覆式高技术产品要能制造得出来、卖得出去、嵌入产业链，关键在于要培育能够吸纳这些生产能力的足够大的市场，否则很容易周期性地爆发生产过剩的危机。

从此意义上说，建设全国统一大市场的一个重要目的，就是要利用中国具有超大规模市场容量的优势，从需求方支撑或拉动新质生产力成长。未来市场是最宝贵的战略资源，市场有

多大，新质生产力的发展空间就有多大。

当前制约全国统一大市场建设的因素有很多，既有体制机制方面的，也有供给端堵点卡点方面的，还有内需长期不足方面的。尤其是内需长期不足方面的因素，必须实实在在地通过提高居民收入水平的政策举措来解决。要以劳动者为中心提高大家的收入水平、生活水平、消费水平与福利水平，加强对劳动者的法律与制度保护。这样随着生产率提高，整个国家经济运行的工资和福利成本也会上升。但是，它一方面会增加社会总需求，扩大国内市场总规模，消化巨大产能；另一方面也会借势淘汰低效产能，促进产业转型升级。

5. 以人为本，发挥人才的创造力

全面深化改革，需要不断发挥人才的创造力，改变不利于塑造新型生产关系的教育、科技制度与政策。

在第四次工业革命中，国际竞争越来越取决于人工智能等极少数关键的高精尖技术和产业水平。软件方面的算法研发，以及硬件方面的算力，尤其是高精度芯片等的研发制造，需要世界顶尖人才。这给中国过去的人才教育培养体制与政策、科技体制与政策等，都带来了巨大的冲击和挑战。

当前中国在许多"卡脖子"的顶尖技术领域人才短缺。长期来看，这个问题可能与教育体制和政策有关。中国教育政策的总体上以公平为主，培养出的多为基础扎实、水平均方差较小的"平均性"人才，而不是那种水平均方差大、个性突出的人才。无论是在人才选拔、课程设置，还是教育方法、教育环

境等方面，我们的教育都呈现出培育平均人才的显著特点，缺少适合顶尖人才成长的环境。在人才使用政策上，放手、放活、放开、放心、放胆还不够，条条框框较多，宽容失败的氛围也不足。

　　总之，发展新质生产力与塑造与此相适应的新型生产关系，未来需要根据智能化机器的发展进程与水平，对经济体制与政策进行全方位的调整与改革。这方面我们需要做的事情还比较多，如随着智能化机器对数据的依赖日益增加，数据治理和隐私保护成为重要的政策议题。政府需要制定相应的法律法规来确保数据的安全和合理使用，同时保护个人隐私和促进数据的开放共享；智能化技术的发展可能会加剧市场集中，引发垄断问题，经济政策需要考虑如何通过竞争政策来维护市场的公平竞争，防止市场力量的滥用，并促进创新；政府需要考虑如何在全球化背景下制定政策，在促进人工智能技术进行国际合作和交流的同时保护国内产业和市场；政府还需要考虑如何利用人工智能技术改善公共服务，提高社会福利水平，并确保技术进步惠及所有社会成员；等等。

打通堵点卡点，迸发生产要素新活力

　　新质生产力是大量运用大数据、人工智能、互联网、云计算等新技术，与高素质劳动者、现代金融、数据信息等要素紧密结合而催生的新技术、新价值、新产业、新动能，这种具有革命性、创新性的进步，尤其需要有与之匹配的新型生产关系来保障。

习近平总书记提出，要深化经济体制、科技体制等改革，着力打通束缚新质生产力发展的堵点卡点，建立高标准市场体系，创新生产要素配置方式，让各类先进优质生产要素向发展新质生产力顺畅流动。[○]显然，习近平总书记是把体制机制中存在的问题作为束缚新质生产力发展的主要的堵点卡点。

推动新质生产力加快发展，既是发展命题，也是改革命题。从我国 40 多年来的发展历程与经验来看，只有进一步改革开放，不断调整旧的生产关系、塑造新型生产关系，才能破除制约生产力发展的思想障碍和制度藩篱，让一切劳动、知识、技术、管理、资本的活力竞相迸发，让一切创造社会财富的源泉充分涌流。

创新新型生产关系，解放发展新质生产力

根据马克思主义基本原理，不断变革与创新生产关系，是解放与发展生产力的主要途径。实践证明，不适应新质生产力发展要求的生产关系，是发展新质生产力的最大堵点卡点；打通束缚发展新质生产力的堵点卡点，关键在于破除旧的生产关系的束缚，创新性地重塑新型生产关系，以此不断激发新技术的涌现以及新质生产力的提高。

对于马克思主义经典著作中的生产关系范畴，通常一般有狭义和广义两种理解。狭义的生产关系，指的是直接生产过程

　　○　习近平总书记在主持二十届中共中央政治局第十一次集体学习时提出。

中的各种关系，如生产资料归谁所有，劳动者和生产资料的关系及其结合方式等，这是生产关系中的根本问题；广义的生产关系是在包括生产、分配、交换和消费等一系列过程中产生和结成的各种经济关系。

生产关系反作用于生产力的原理启示我们，上述各种形式的生产关系，如果不能及时地根据新质生产力发展的要求进行调整并塑造新型生产关系形式，理论上都有可能成为发展新质生产力的堵点卡点。不过，最根本的新型生产关系的调整与重塑，还是在于对生产资料所有制的制度设计与重构。

1. 明确财产所有权，"扣好第一粒纽扣"

从驱动发展的引擎看，财产所有权关系决定了为谁生产、谁来生产、生产给谁、由谁决策与监督等一系列生产力发展的基本问题，它规定了生产、交换与分配等再生产过程的基本结构。

如果从一开始产权隶属关系就不清楚、不明晰，那么关于生产的一系列基本问题就没有"扣好第一粒纽扣"，直接生产过程以及后续的交换、分配、消费、投资等活动就会发生混乱，经济运行自然就不会有效率。

"无恒财者无恒心"，产权关系模糊的话，模糊的拥有者就不会有长期的行为机制。因此生产资料所有关系不仅在生产关系中占有决定性的支配性地位，其制度设计还直接决定了生产力发展的水平与进步的速度。任何违反这个制度设计原则的实践活动，都会成为发展新质生产力的堵点卡点。

2. 明确企业组织形态，激发生产力效应

从企业组织关系看，所有权的组织方式与形态决定着社会生产的组织方式以及生产力的发展格局。业主制的企业所有权方式，天然就与工厂手工业这种生产力相对低下的生产方式相联系，而股份制却适合于现代化的机器生产方式，使得生产力具有倍乘效应。

对此马克思举的著名例子是："假如必须等待积累去使某些单个资本增长到能够修建铁路的程度，那么恐怕直到今天世界上还没有铁路。但是，集中通过股份公司转瞬之间就把这件事完成了。"[⊖]这表明，19 世纪 50 年代股份公司形式的所有权组织方式的出现，在当时就已经是发展资本主义社会生产力的"强大杠杆"，对资本主义国家国民经济的"迅速增长的影响恐怕估价再高也不为过的"。[⊜]

3. 激发劳动要素活力，用"劳动"牵引"资本"

从要素重心的演变看，在当今技术革命的背景下，劳动、技术、知识等要素的地位，相对于物质资本来说变得更为强势，它们对生产力的作用方式也发生了根本性变化，因此产权制度要根据要素间的关系及其结合方式的变化进行相应的变革，突出知识、技术、人力所有权制度的安排。

在前三次工业革命中，生产要素结构的重心和生产力发展

⊖ 马克思：《资本论》（第二版）第 1 卷，中央编译局编译，人民出版社，2004，第 724 页。
⊜ 马克思：《马克思恩格斯全集》（第一版）第 12 卷，中央编译局编译，人民出版社，1962，第 14 页。

的决定因素都主要是物质资本，因此无论什么所有制形式，都要强调物质资本的第一性作用，是"资本"雇用"劳动"，资本取得剩余索取权。世界各国实践证明，所有违反这个制度设计原则的实践活动，都会碰得头破血流并以失败而归。

但是，在以"算力"为基本特征的第四次工业革命中，智能化技术占据了主导地位，各种算法、算力、数据等都是密集地含有人类技术、知识的劳动，由此人力资本上升为新质生产力的第一性要素，数据等也成为重要的生产要素。[一]智能化技术只有少数顶尖人才方能胜任的智力游戏，无论是对我们的教育体制、科技体制，还是人才激励的方式、制度，都提出了前所未有的挑战。

因此，在企业的所有权制度和企业组织形式的设计中，就必须根据"资本"寻找"劳动"的这种要素地位的根本性转变，让劳动尤其是技术知识劳动占据主体地位，使其取得一定的甚至主要的剩余索取权。

为适应这种所有权制度设计转变的要求，首先要在产权制度上进行大胆的创新与改革，如在科技型企业中，让主要的骨干科技人员持有企业的主要或大部分股份，使他们具有相应的决策权与分配权；要对现有的科技依赖型企业进行股权制改造，以让渡适当比例的企业股份的方式吸引全球优秀科技人

[一] 有学者认为，智能化技术和机器将逐步成为社会生产力的核心，社会生产关系的核心也必然将被智能化技术和机器之间的关系所取代。相对于过去的生产关系即人与人之间的关系，新型生产关系中要加上智能化技术和机器的因素，这就是新质生产关系的最基本特征。具体内容可参见：王建在中国宏观经济信息网上的《怎么认识"新质生产力"》一文。

才；要对现有的专利分享制度进行改革，对于各种因职务发明成果转让而获取的收益，要给予主要的发明人较大比例的利益激励；不仅要允许对固定资产计提折旧，也要允许对人力资本进行估值并计提"折旧"，用于后者的进一步学习、进修与培训等。显然，如果不能适应新质生产力的发展潮流，固守原有时代的所有权安排方式，它就会成为禁锢新质生产力发展的主要障碍。

4. 明确分配关系，提高经济效率

从分配关系看，虽然有什么样的所有制就有什么样的分配关系，但是所有制关系一经界定，既有的分配关系就会强烈地反作用于生产力。

就微观而言，在短期内，分配制度创新与否决定经济效率的高低。如同样是全民所有的企业，如果分配制度不同——一家进行分配改革，另一家维持"吃大锅饭"制度，那么不难想象那个实施"多劳多得"分配制度改革的企业，应该会有较高的效率；分配制度一旦固化并缺少弹性，"按劳分配"就有可能蜕化为"按酬付劳"，即给多少钱出多大力。

从宏观来讲，在前三次工业革命过程中，分配制度的重心向资本所有者倾斜，劳动者处于相对弱势的地位。这种"资本/劳动"势力对比非均衡的状态容易出现需求不足、产能过剩，不利于经济结构的均衡，从而破坏生产力发展的基础。

在算力时代，如果我们不对智力劳动者的价值进行充分的市场化评估，并让其进入企业资产负债表，不对其进行"折

旧"或提取一定的补偿费用，不让其分享剩余索取权，那么我们的分配制度就不能很好地适应以智能化技术为特征的新质生产力的发展要求，后果必然是分配制度成为禁锢新质生产力发展的主要堵点卡点。

5. 明确生产关系，共益、共享和合作

从直接生产过程中的其他经济关系看，如果不能及时调整它们与新质生产力的配合关系，或对配合关系处理不当，都会反作用于新质生产力并成为新的堵点卡点。

在马克思主义的生产力与生产关系理论的语境下，直接生产过程中的其他经济关系有很多，不同的关系适应于不同的社会经济形态，不适应的话就会发生社会形态的变迁，例如以下的几种关系。

- **共生关系**：适应于生产力极其低下的原始社会。
- **隶属关系**：劳动者作为工具而隶属于奴隶主，是奴隶社会的典型特征。
- **依附关系**：受困于土地的依附关系是小生产方式的封建社会的特征。
- **雇佣关系**：以大机器生产为特征的资本主义社会，其本质是资本家通过雇佣关系对劳动者进行剥削。
- **共益、共享和合作关系**：共益、共享和合作三种关系是社会主义社会的显著特点。

显然，在发展新质生产力的背景下，人们在财富的创造过程中适用共益、共享和合作关系，而不是压榨、剥削等掠夺关系。否则，从经济上看，就解决不了周期性的生产过剩、经济危机问题。

制度创新，解开卡住的"脖子"

以人工智能技术为主导的第四次工业革命，其基本特征不同于前三次工业革命，它不是以非自然力替代人力，而是以非自然力替代人的脑力，人类在体脑劳动中越来越被人工智能边缘化，越来越不占有主体地位。[一]由此凸显了人工智能与智能化机器在发展新质生产力中突出的、重要的地位。

如果不能突破人工智能技术的障碍，不仅发展新质生产力会成为一句空话，也会无法把握此次全球工业革命给实现中国式现代化带来的巨大机遇。

突破人工智能技术的各种障碍，首先要解决的是技术"卡脖子"这个重大的现实问题。当前，在世界地缘政治和全球产业链重构的态势下，人工智能技术直接决定国家竞争力，因此在实践中与人工智能技术有关的设备、产品、工艺、材料、软件等，都可能成为美国等西方国家对我们"卡脖子"武器。

有时就因为没有掌握某个生产环节的某项关键技术，一个产业就不得不降低产业标准，甚至整个产业的生产经营都会瘫痪。要想寻求加速智能化技术创新的途径，需要运用技术、市场和制度这种"三角形"结构分析框架。其中，技术是基础，

[一]　王建：《怎么认识"新质生产力"》。

市场是引力也是推力，而制度则是激励和约束因素。

在其他要素不变的条件下，制度规定了科技创新活动的利益结构以及对市场行为的激励或约束的程度。一般来说，在突破"卡脖子"问题上，制度创新是根本，是高于技术的处于第一位的要素。

从实践来看，出现束缚以智能化技术为代表的新质生产力发展的堵点卡点，一般有三种情况：一是堵在制造端；二是堵在市场端；三是堵在嵌入端。这三种情况分别对应技术落后、市场需求不足以及体制生态环境存在缺陷，其中最主要的原因是体制生态环境存在缺陷。[⊖]

现实中的技术"卡脖子"问题，往往并不是一个简单的技术工艺问题，而是由许多复杂原因导致的，我们要从整个产业链、供应链甚至经济科技运行的生态环境的角度去理解与看待。

1. 用先进技术疏通制造端

对于一些具有高精尖技术特征的特殊工艺、产品、材料和设备，我们的技术还落后于世界先进水平。这些都是发展阶段上的差距，需要我们用耐心资本去追赶。

由于过去缺少一些超前的基础性投入与研究成果的积累，缺少一些先进的工艺、材料，我们对先进技术的基础原理理解得还不够全面深刻，因此很多物品我们暂时造不出来。通常的加速追赶或赶超办法，就是综合利用新型举国体制，从战略上

⊖　林雪萍、曾航：《卡脖子有三种情况，国产替代意味着供应链大洗牌》。

对研发的时间、空间进行一定的压缩。对于已经有追赶目标和追赶对象的技术来说，如"两弹一星"等，因为技术轨道相对定型成熟，运用新型举国体制是完全有效果的。但是对于那种从 0 到 1 的创新性技术来说，新型举国体制的作用可能就十分有限了，因为我们没有赶超的具体目标、参照系与技术范式。

这种情况与我们现在要发展新质生产力有一定的相似之处，我们必须充分发挥多元社会主体的积极性，鼓励科研机构、企业大胆探索。现在我国科研落后的直接原因是缺乏优秀的高级人才。现在的教育、人才、科研体制容易造就资质比较平均的人才，不容易造就培育世界顶级的优秀人才。这是在改革我国教育、人才、科研体制时，尤其值得反思的重要问题，也是影响新质生产力迅速发展的最直接的原因。

2. 用超大需求优势支撑市场端

很多处于产业链关键环节的材料、工艺、设备、软件的专精特新企业，其生产的产品因为在国内的市场规模小，长期依赖国外供应，或因为缺乏市场应用场景，即使开发出来了产品，企业也无法长期发展下去，这些都成为产业链上游"卡脖子"问题的主要来源。

其具体原因在于以下三个方面：一是在研发初期诞生的新技术产品与设备，产品质量相对于同类的进口产品不具有优势，性能不稳定，不受用户欢迎；二是新技术产品、设备早期缺乏规模经济效应，产量小、品种多、批次，因而生产效率低、成本高、价格高，用户用不起；三是本行业市场需求小，可以容纳的企业少，因而企业成长慢，容易被淘汰。

解决这些问题的根本办法，在于加快建设全国统一大市场，利用我国的超大规模市场优势培育国内幼稚企业，激励已经有一定产能的企业迅速达到规模经济的产量，强化企业间的市场分工协作，降低企业的生产成本，提高产品质量与市场竞争力。

3. 用先进体制保障好嵌入端

实践中我们经常看到，一些企业耗费巨大人力物力突破了核心的"卡脖子"技术研发出来的第一台（套）重大技术装备，往往被各种制度门槛卡了脖子，使国家支持企业技术创新的政策难以落地。造成这种状况的具体原因主要在于以下两个方面。

一方面，缺乏配套的新技术产品和设备的应用制度环境。用户企业对国产新技术产品往往有各种制度性门槛，如应用业绩的门槛、设备参数的门槛、评审打分的门槛等。用户企业通常都不希望充当新技术产品实验的"小白鼠"，大家都希望能采购标准化的成熟产品，希望自己所用设备的参数不低于国外。这些都有可能成为直接排挤国产产品和设备的硬杠子，因此"首台套"很难实现广泛应用。

另一方面，用户企业缺少商业化的场景，"不敢用、不愿用"。这可能是因为用户企业害怕追责风险而"不敢用"，或是因为用户企业长期以来对国外产品形成了路径依赖，因而"不愿用"；有时也可能是由于地方财政对"首台套"补贴支持政策落地不畅。

如果说技术创新的突破仅仅是自主创新的"前半篇文章"，那么产业链节点突破政策，还必须解决市场的制度环境的突破问题，这是我国自主创新中应该做好的"后半篇文章"，○也是最难解决的问题之一。

支持新质生产力发展的制度创新，最本质的问题就是要处理好政府产业政策支持与市场自我竞争选择之间的关系，简单地说就是要处理好依靠政府还是依靠市场的根本性问题。

关于这一点，有一定的国际经验可以借鉴。例如一些欧美国家长期处于科技、经济领先地位，它们在科技发展中的探索没有可以遵循的前人经验，都付出了高昂的探路成本，因此这些国家当初的理性选择，是将具体的选择权交给多元化主体主导的市场机制，依靠企业家和个体的艰苦摸索和市场竞争来有效地推动技术创新和产业发展。

在当今世界，中国的崛起让欧美等西方国家感受到了巨大的压力，这些国家政府也开始全面利用政策机制支持企业创新。同时，中国过去因种种原因与前两次工业革命的机遇擦肩而过，但又因改革开放搭上了"信息技术"革命的末班车，在发现自己与先行工业化国家具有一定的技术、经济差距后，只能选择把有限资源集中在特定技术领域与产业上，充分发挥政府的作用。

由于可以选择工业化国家"有迹可循"的技术道路、路线

○ 引自文章"媒体谈国产'首台套'：客户不敢用不愿用，市场门槛'卡脖子'支持政策落地难"。

与赛道发展，因此过去的发展一直呈现出成本小、风险低、速度快的特点。但可以预计的是，在以智能化技术为特征的第四次工业革命中，中国将走在新质生产力发展的世界前沿，一些技术与产业也将与发达国家处于同一起跑线，形成并跑或竞争态势，有些技术与产业甚至可能具有一定的领先优势，这时中国的技术与产业轨道便需要自我探索。为了降低发展成本并取得最大的效果，我们需要充分信任市场，将选择权交给市场，依靠竞争来推动技术创新和提升产业体系的现代化水平。

激活先进优质生产要素，赋能新质生产力

考虑到新质生产力"以劳动者、劳动资料、劳动对象及其优化组合的跃升为基本内涵，以全要素生产率大幅提升为核心标志"，因此发展新质生产力需要以要素市场化机制强化技术、资本、人才等自由流动及其优化组合的跃升，这一机制既是催生新产业、新模式、新动能的主要引擎，也是加快发展新质生产力的核心要素。

在现实中，因高标准生产要素市场建设的迟缓，目前还存在一些阻碍新质生产力构成要素流动与优化组合跃升的制度性障碍，它们也是需要通过全面深化改革全力打通的地方。

1. 打通科技成果进入产业部门的堵点卡点

改革开放尤其是近十多年以来，中国科技创新追赶速度并不慢，如这些年中国科技投入、论文数量、专利数量等都在世界排名中不断攀升。但我们产业部门应用的技术有些还依赖发

达国家的外部输入，经常被"卡脖子"或遭遇各种瓶颈。这也说明，在某些方面，科技创新部门有一定的脱离产业部门自我循环的倾向，科技创新成果表现为写论文、申请专利，而不是实实在在地服务于产业需求。

是不是提倡把科研活动推向市场就能真正地解决这一问题呢？答案是不仅不能，还会引发混乱。从国际经验来看，科技成果进入产业部门通常有两个前提。

第一个前提是分拆"科技创新"这个模糊的概念。

"科技创新"主要包括两种活动：科学创新与技术创新。科学创新是探索基本原理、创造基础知识、把钱变成知识的活动。技术创新是把已知的科学知识转化为技术和财富的活动。评价科学创新的标准是知识的边际增加，评价技术创新的标准是财富的边际增加。

第二个前提是界定政府与企业的职能。

科学创新活动，应该由政府财政支出和社会责任资金承担，科学家创造知识的劳动绝对不能市场化；技术创新活动，需要以企业家为主体，必须坚决市场化。因此我们必须建立科技成果市场化的平台、中介机制，一方面为产业界提供研究成果的供给信息，另一方面为科研部门选题提供实践需要的信息。同时，通过平台的交易撮合功能，顺利地把大学和科研机构创造的知识变成财富。

2. 打通资本进入产业部门的堵点卡点

进入 21 世纪以来，我国已经从短缺经济阶段，全面进入了"资产短缺"阶段，优质资产"荒"及其影响主要体现在以下两方面。

一方面，由于长期处于买方市场，一般商品过剩，相关实体制造企业通常难以获得社会平均利润率，这不仅抬高了资本要素进入产业部门的门槛，而且还导致资本不断地流向虚拟经济部门，结果严重地影响了实体制造企业的创新能力，甚至影响到一些企业的生存。

另一方面，与商品过剩伴随的资本也长期处于过剩状态，它们需要寻求更高收益的投资理财途径，结果在资本市场功能不完善的现实条件下，巨大的社会闲散资本都流入了价格持续上涨的房地产部门，不断地推升其价格水平，并导致虚实经济之间的失衡。

这些年我国金融部门的扩张规模大大超过了自身的发展阶段，例如我国金融业增加值占 GDP 的比重不仅超过了发展中国家的水平，也超过了美国、英国、日本等发达国家。我国实体企业的利息支出已经超过了 GDP 增量，这意味着实体经济创造的产值不足以弥补利息支出，其实际负担沉重。

要做实和巩固实体经济的基础，在"资产短缺"的时代，政策的理性选择不是压制虚拟经济发展，而是大力发展和培育优质资产，以增加供给的方式压制虚拟经济的过高价格，同时引导实体经济部门的技术创新。具体来说，我们需要大力实施资本市场强国战略：一方面，通过充分发挥资本市场的功能，广泛地吸收巨大的社会闲散资金进入实体企业，支持其技术创新；另一方面，通过资本市场的金融创新，增加全社会的优质

资产供给，抑制不断上涨的资产价格，使不同部门之间的利润率平均化。[○]

3. 打通人力资本进入产业部门的堵点卡点

振兴实体经济首先要强化其吸引力，目前我们的实体经济缺乏对人才尤其是年轻人才的吸引力。随着改革开放中成长的那一代劳动者不断老去，新一代年轻人不太愿意去实体经济部门就业。如果我们的年轻人都不愿意去实体经济部门就业，那么实体经济就不会有未来。实体经济缺乏吸引力的根本原因，通常是其劳动者的收入和福利待遇比较低，这不是年轻人的过错。

要解决这个问题，不是光进行思想教育就可以的，我们还要建立常态化的、以提高劳动者收入和福利待遇为中心来协调人力资本进入产业链的机制。一是要根据生产力发展，逐步提高劳动者收入占 GDP 的比例，这有利于扩大内需、形成强大的国内市场，并为形成新发展格局奠定物质基础。以国内大循环为主体、国内国际双循环相互促进的新发展格局的形成，主要取决于全国统一大市场建设的进度。二是要让产业工人过上体面的生活，吸引他们学技术，继承和发扬我国优秀的大国工匠精神，巩固和稳定实体经济的基础。

4. 打通创新资本进入科技部门的堵点卡点

有时创新能力不够强大，其实还与现实中科技部门缺少长

○ 刘志彪：《理解现代化产业体系：战略地位、建设内容、主要挑战与对策》，《福建论坛·人文社会科学版》2023 年第 5 期。

期资本有直接的关系。创新能力的欠缺并不是因为缺少资金，而是因为缺少长期稳定的资本投入。缺少长期主义的价值倾向，短期化行为盛行，是造成这个问题的根源所在；现实中出现的各种资金使用期限的错配，也是导致缺少长期稳定的资本投入的基础性原因。

实践中经常看到短期的商业化资金被用于支持长期的科学创新活动，或者长期的财政资金被用于支持可以市场化的技术创新活动。这样做要么可能使商业信贷资金面临极大的市场风险，要么使政府对科技创新的支持力度相对不足。

其实，不同的创新活动需要有不同的时间眼界，面临不同的风险，应该匹配不同性质的资金。例如，对科学创新活动而言，它只适合用政府的公共财政资金支持；对技术和产业类的创新活动而言，它们处于初期或种子期的时候，最适合让具有长期性、抗风险性的资本市场的风险资金进入，不适合让银行信贷资金进入。但是对处于成熟期阶段的产业和技术创新活动而言，则完全可以让银行信贷资金进入。

这个基础性制度安排直接关系到技术创新的效果。对于那些处于基础研究与商业化应用之间的工程化研究问题，因位于知识转化为财富的关键环节，需要资金、技术、设备、基础设施等多方面的支持，难度大、风险高，所以从战略上看，要攻克高技术制造工程化研究的薄弱环节，应该由政府主导或者参与的风险投资基金来支持，使这种市场化运作的、承担风险能力最高的基金成为促进我国产业技术进步的发动机。

5. 打通顶尖人才进入科技部门的堵点卡点

在第四次工业革命浪潮下，人工智能发展水平是衡量当前一个国家科技发展水平的主要标志。由于今后国际竞争越来越取决于类似人工智能等极少数关键的高精尖技术和产业，因此这方面技术人才的供给，直接决定一国的科技和产业国际竞争力，其中部分要素（如算力、算法等）的发展需要少部分顶尖人才的努力。

中国当前正享受着巨大的工程师红利，使得中国的工程师在全球具有高性价比。这对于一般的高新技术产业当然是巨大的竞争优势，但是对处于宝塔尖上的顶尖科技和产业来说，还远远不够，许多"卡脖子"的顶尖技术领域的人才凤毛麟角、严重短缺。这个问题其实跟我国的教育体制和教育方式密切相关。在我国的教育体制下，人才往往缺乏创新性和批判性思维，考试制度往往有利于"平均"水平人才的成长，而不利于具有个性的顶尖人才的成长。鉴于此，打通顶尖人才进入科技部门的障碍，提高创新链与人才链的融合水平，关键在于改革教育体制和教育方式，为顶尖人才的成长提供宽容的环境和空间。

◎ 结语 ◎

发展新质生产力，必须要进一步全面深化改革，形成与之相应的新型生产关系。在以智能化技术为代表的新质生产力下，社会将会出现"人－人""人－机""人－机－人""机－机"四种新型生产关系；相较于以往，新型生产关系也将会发生所有权关系、组织形式、分配方式、管理结构等多维度的变化。

目前，发展新质生产力的主要堵点卡点在于当前体制机制中存在的问题，要打通这些堵点卡点，关键在于深化经济体制、科技体制等改革。实践中，对于我国新技术、新产业、新业态发展的痛点，可以沿着"制度－市场－技术"的三维结构进行搜寻，并通过不断进行改革与制度创新去解决。

从围绕新质生产力布局产业链的角度看，我们要创新生产要素配置机制，打通生产要素向发展新质生产力顺畅流动的各种堵点卡点，实现产业链、创新链、资金链与人才链之间的有效融合，进发生产要素的新活力。

03

◦ 第三讲 ◦

多维驱动，协同发展算力时代的
新质生产力

导　读

　　2023 年底召开的中央经济工作会议提出，"要以科技创新推动产业创新，特别是以颠覆性技术和前沿技术催生新产业、新模式、新动能，发展新质生产力"。[⊖]这不仅揭示了以科技创新推动产业创新是新质生产力成长的基本路径，同时也为我们提出了推进新质生产力发展的基本产业政策指向。

　　2024 年，习近平总书记在主持二十届中共中央政治局第十一次集体学习时系统阐释了新质生产力，不仅揭示了创新在

　　⊖　中国政府网，《中央经济工作会议在北京举行习近平发表重要讲话》。

新质生产力发展中的主导性作用，而且提出了要重视生产要素创新性配置和产业深度转型升级。

第三讲我们从技术革命的角度，围绕"如何驱动算力时代的新质生产力"这一问题，重点解读以下三个热点话题：

- 如何从"算力"和"新产业"的角度来理解新型生产力？
- 以"算力"为典型代表的新质生产力，孕育了新科技驱动下的哪些产业新机遇？
- 协同发展新质生产力的过程中，存在哪些创新驱动力？发展新质生产力就是要紧抓科技创新吗？

人类历史上每一次重大的技术变革都会推动生产力的嬗变，而生产力的变革又会形成与之相适应的产业体系和结构。通常来讲，从产业发展的实践和时间逻辑上看，传统产业、新兴产业和未来产业之间往往存在一定的接续性和继起性。那么算力时代的生产力变革，又会驱动形成怎样的产业结构，这种产业结构又会呈现怎样的特征呢？第三讲我们将围绕这些问题展开进一步的分析和探索。

算力时代的新型生产力

"生产力"深刻描述了随着技术革命的变迁，人类利用自然、改造自然和征服自然的能力，它所体现的是人类与自然之间的物质变换过程，反映了人类社会的财富创造能力。

中国化的马克思主义理论认为，科学技术是第一生产力，技术变革决定着生产力内涵和形式的革命性跃迁。自工业革命以来，人类社会大致经历了四次重大的技术变革，这四次变革分别以蒸汽机的发明、内燃机的发明与电力的应用、信息技术的广泛使用，以及数字化技术的不断成熟为重要标志。

从技术革命的角度看，我们可以将生产力的发展简单地概括为"五力"——"人力→马力→电力→网力→算力"的演化过程，每一次技术的重大变革，都对应着不同形态的生产力，带来新的产业，创造新的价值，形成新领域、新优势、新赛道和新动能。

新质生产力是技术取得革命性突破后催生的，是以先进技术和新产业为典型特征的先进生产力。在现阶段社会日渐网络化、信息化、数字化、智能化的趋势下，新质生产力突出体现为以"算力"和相应的新产业为典型代表的新型生产力，对算力时代的新质生产力我们可以从以下两个方面来进行深入的理解。

1. 生产力与其对应的主导产业

从生产力与产业结构的关系看，能够达到"质变"级别的生产力，一定经历了动摇产业底层基础性逻辑的技术革命。每一次技术革命都是颠覆性的，都代表了产业增长的逻辑变化，都能形成更高水平的生产力。每一种生产力都有与其对应的主导产业以及由此形成的产业体系和结构。

在第一讲中我们提到，在"马力"时代，纺织工业等传统制造业是主导产业；在"电力"时代，电力工业、石化工业、钢铁产业、机械工业等产业是主导产业；在"网力"时代，电子信息、网络通信等产业是主导产业。在"算力"时代，产业体系和结构将很可能转换到以人工智能、大数据等为主导的产业轨道上来。

生产力内涵和形式的每一次重大变革，产业体系的演化都会呈现出技术、知识和人力资本不断密集化的特点，或者说都体现为产业结构不断"软化"的趋势。○

○ 刘志彪、凌永辉、孙瑞东：《新质生产力下产业发展方向与战略——以江苏为例》，《南京社会科学》2023年第11期。

2. 以智能化技术为中心，提高全要素生产率

从核心技术与构成要素来看，以信息技术为中心将全面转向以智能化技术为中心。当前人工智能已成为最具变革性的技术力量，它正在深刻地影响着数字世界、物理世界与生物世界。

掌握了以"网力""算力"为典型代表的新知识、新技术、新技能的劳动者，将运用以"网力""算力"为内涵的劳动手段（如自动化、智能化电子设备），作用于具有"网力""算力"特征的劳动对象（如软件和数据），生产出以高密集度的"网力""算力"为代表的新知识、新技术。其中，新质生产力所体现的技术进步，我们可以用生产函数中剔除其他因素影响的广义技术进步程度来描述，或者说，它们将突出体现在"全要素生产率"上。

新科技驱动下的产业新机遇

由于以"算力"为典型代表的新质生产力，主要面向通用人工智能、脑机接口、量子计算、量子通信等前沿技术催生的未来产业，以及用这些技术改造和升级的现有产业（包括战略性新兴产业和传统产业），因而在未来，我们的产业发展会呈现知识性、虚拟性以及集聚性三种与以往不同的新特征。

- **知识性**：产业发展内涵将更加体现知识性。数字技术成为继蒸汽机、电力、信息与通信技术之后的新一代通用

技术，这种包含新知识的新通用技术集群式的链式演化，将对未来经济社会发展产生引领性的影响。

● **虚拟性**：产业布局方式将更加体现虚拟性。虚拟连接方式的兴起大大压缩了时间和空间，企业与企业之间在地理空间上的邻近性、关联性对企业成长演化的重要性将大大降低，溢出效应会以新的技术连接方式体现出来。

● **集聚性**：产业布局将从以往的地理空间集聚模式，变成以数据和信息实时交互为核心的网络虚拟集聚模式。

与此同时，在实践中，新科技驱动下的产业发展主要体现在以下三个基本方向上：

● 超前布局未来产业。
● 壮大战略性新兴产业。
● 重点改造升级传统产业。

在大力发展新质生产力的过程中，壮大战略性新兴产业与重点改造现有传统产业涉及对产业进行智能化改造和数字化转型，即进行"智改""数转"和"网联"。企业需要特别关注新科技驱动下产业发展的方向，从而找准未来增长的新航向。

1. 超前布局未来产业

未来产业是重大科技创新成果市场化后形成的、代表未来科技和产业发展新方向、对经济社会具有支撑带动和引领作用的前瞻性新兴产业。

以"网力""算力"为基础的相关未来产业，在信息领域主要有量子计算、量子通信、智能计算、通用 AI、6G 技术、VR/AR、数字孪生等；在人类健康领域主要有脑机接口、类脑智能等；在材料领域主要有第三代半导体材料等；在能量领域主要有可控核聚变、新型储能等。

对基础研究的超前布局和巨大投入，是未来产业成长为主导产业的关键。如果社会经济体系内部支持长期发展的力量不足，就容易忽视对未来产业的基础研究。科技创新的长周期和高风险特点，决定了我们要把更多的发展资源投放在长远的、重要的而不是当前紧迫的事情上。

只有树立长期主义的价值观和发展理念，建立与其配套的长期资本保障、体制机制和行为方式，激励长期主义导向的生产要素投入，我们才有可能真正突破制约中国科技及经济发展的重要障碍和核心问题。

2. 壮大战略性新兴产业

战略性新兴产业是以重大技术突破和重大发展需求为基础，对经济社会发展具有重大引领带动作用的产业。它与未来产业的区别主要表现在时间的接续性上。

战略性新兴产业是指在现实中已经具备初步完整体系和规模、具有巨大市场潜力和带动作用的"未来产业"。简而言之，它是未来产业的现实化，它尚未成长为国民经济的"支柱产业"，但对现实的经济发展具有主导性。

我国当前战略性新兴产业主要包括新一代信息技术产业、

高端装备制造产业、新材料产业、生物产业、新能源汽车产业、新能源产业、节能环保产业、数字创意产业以及相关服务业等。这些领域大多是第四次技术革命产业化的实际成果，有些则需要数字技术的进一步嵌入。

从产业分析来看，壮大战略性新兴产业的经济学含义等同于发展壮大主导产业，涉及主导产业选择、龙头企业和"专精特新"企业培育、产业链再造等问题。从目前我们具体企业和社会的实践经验来看，发展壮大战略性新兴产业，尤其需要运用新型举国体制，在企业充分竞争的基础上，有效发挥政府的规划、引导和扶持功能。

江苏省在壮大战略性新兴产业上，取得了不俗的成绩。整体规模上，2023 年，江苏全省规模以上工业战略性新兴产业产值增长 4.6%，[一]增速高于全部规上工业平均水平。部分产业和企业的竞争力明显提升。2023 年集成电路、生物医药、新能源、物联网、新型电力装备、高端装备、高技术船舶与海工装备、节能环保等多个产业规模居全国首位。同时，江苏是全国制造业门类最全的省份，目前在工程机械、电力设备、光伏、海工装备和船舶、汽车等多个行业都形成了从原材料到终端产品、从研发设计到加工制造的完整产业链条。

江苏省在壮大战略性新兴产业方面有如下三点值得借鉴的经验：

- 关注"四链融合"下的高端要素集聚，开展金融、人

　[一]　江苏经济报，《省财政多措并举培育壮大新兴产业》。

才、创新及惠企服务等多方面的支持。

- 打破从"技术"到"市场"的供需壁垒，例如，加强重
  大创新载体建设、紧扣产业需求开展科技立项等。
- 构建"群链企"协同的系统推进机制，例如，实施强链
  补链延链行动、编制短板技术清单和产业基础再造发展
  目录、打造跨区域创新联合体，等等。

3. 重点改造升级传统产业

新质生产力下的技术突破将颠覆传统产业的技术基础和基
本原理，但是并不会使传统产业被替代。例如，纺织行业虽然
引领了第一次工业革命，但是在过去的技术下，纺织过程中的
印染环节，需要大量的水作为染料溶剂，由此造成水资源的浪
费和污染。当前的技术革命，已经使纺织行业开始运用走向近
乎无水媒的数码喷印技术。未来很多纤维之中，都可以带有芯
片和传感器，一件衣服就可以具备通信、测量血压、充电等诸
多功能。

又如，燃油汽车自然属于传统产业，但是这个传统产业已
经被电动汽车产业重新激活，即用先进制造技术重新激活传统
制造业。换言之，先进制造其实与产业属性并没有多大关系，
先进制造是一种新型工业化思维，而不是产业标签。

当前中国制造业产值占全球 1/3 的份额，规模为全球第
一，但是其中传统产业的份额却很高。为了实现制造强国的目
标，我们需要运用新型工业化思维，对其进行大规模的智能
化、数字化的改造和升级。

　　当下这个任务十分艰巨，我们以制造业较为发达的江苏省为例来进行具体分析。

　　目前江苏省制造业中增加值比重最大的六个行业分别是：机械制造业、电子信息产业、化学原料及化学制品制造业、食品制造业、金属制品业、纺织业。虽然统计口径下 2023 年全省高新技术产业、工业战略性新兴产业产值占规模以上工业企业比重分别为 49.8%、41.3%，但实际上，江苏省传统工业的规模可能要比统计数据高。在实践中，不少被列入高新技术产业、工业战略性新兴产业统计的企业，做的还是高技术的低端环节，如电子信息产业中的鼠标键盘连接线生产环节等。另外，统计上关注的是"规上"企业的比重，"规下"往往还有一批传统的中小企业。

　　从全国各地的实践经验来看，对传统制造业成功进行"智改""数转"和"网联"的关键在于以下几个方面：

- 拥有一批自动化水平高的工业企业。没有自动化基础，企业很难一步实现数字化。
- 在高质量发展的目标下，政府主动作为，企业服务中心、行业协会正确定位角色，开展多方位支持。
- 产业化资金要进行市场化运作。
- 智能化改造的软硬件供应商要在产业集群内部或周边集聚。
- 由政府、企业、行业协会、金融机构、大学、研究所和职业培训机构等支撑体系联合，构建起高效协作的传统产业升级体系。

- 用产业集群方式、由各产业链上下游企业协同推进"智改""数转"和"网联"。

此外，在大力发展新质生产力的背景下，我们的产业发展和产业政策还必须要处理好改造升级传统产业、壮大战略性新兴产业与超前布局未来产业之间的关系。

传统产业往往是历史悠久、技术相对传统，却在国民经济中发挥支柱作用的"现金牛"产业，因此，对其进行改造和升级，不仅可以迅速提升国民经济系统自身的效率，使经济发展更加平稳和持久，而且还可以增加对新技术和新产业的内生性市场需求，为超前性、战略性部署未来产业提供巨大的资源支持。在发展新质生产力的策略上，我们可以采取先用新技术改造升级传统产业和壮大战略性新兴产业，再把盈余资源战略性地部署到未来产业的次序和办法。

五维驱动，协同发展新质生产力

根据以往技术革命转化为新产业、新动能的发展经验，新质生产力的生长受系统性的多维机制驱动，根据我国产业发展的实际，概括起来我们认为协同发展新质生产力主要有以下五个方面的驱动机制。

1. 驱动机制一：激活劳动者的主体性

在发展新质生产力的过程中，我们需要激活劳动力市场的活力，建立主体性驱动机制。

具有一定劳动经验、掌握具体劳动技能的劳动者，是新质生产力中最活跃的要素，也是最基本的驱动力量。任何智能化数字化设备，都需要有人去发明创造、熟练操作，数据、信息、网络等都需要掌握一定技能的人去运用。

通常来讲，以劳动者为核心的主体性驱动机制一般分为以下三个层次：

- **底层的基础教育体系**。我们要加强数字经济、人工智能等学科建设，调整优化相关学科力量和结构，鼓励学科交叉融合发展，将数字经济、人工智能研究与人才培养更好地结合起来。

- **庞大的新产业劳动队伍**。我们要造就一支庞大的新产业体系劳动队伍，要以新产业体系需求为导向，建立适应数智化时代发展要求的学习和职业技能培训体系，培养一批既掌握数智化技术又了解现实产业运作的复合型人才。

- **高端人才的供给与输送**。要重点抓好高端人才的供给与输送工作，人工智能中的算法以及算力中的芯片等领域，都是高端人才的赛场，这些人才的供给决定了数智化时代的天花板。为此，各行各业需要采取培养与引进相结合的办法，加大对高端数智化人才培育的投入力度，重点引进大数据分析、机器学习、类脑计算等领域的国际知名研究团队和高水平研究专家。

2. 驱动机制二：拓展算力的技术性

在发展新质生产力的过程中，我们需要明晰目前我国算力产业发展的现状，建立技术性驱动机制。

在数字经济时代，算力是决定国家竞争力的核心。从技术角度来看，这种计算能力主要涉及数据中心、智算中心、超算中心等算力基础设施、存力基础设施，以及数据通信网络等运力基础设施。当前我国算力产业发展面临的困难和问题主要体现在以下三个方面。

- **技术方面**：目前我们在核心算力芯片国产化方面的进展相对慢一些，从服务器到操作系统乃至数据库领域的产品仍然受到外部制约。
- **平衡方面**：在算力供需平衡方面，我们需要建立市场化平台进行算力调度和交易，让算力流动起来，实现算力在不同地区间的合理布局，提升算力的利用效率。
- **应用方面**：在应用深化方面，目前我国算力主要在互联网、政府、金融、运营商中应用，传统行业算力应用不足，这需要我们在传统行业中增加算力应用场景，形成规模化、多样化的算力应用生态。

未来应该根据我国当前的短板，在关键芯片、算法模型等技术领域，从技术研发投入、新基础设施建设、产业应用拓展、人才培养等多个维度着手构筑竞争优势，尽快形成加快发展新质生产力的基础。

3．驱动机制三：加强技术应用的场景性

在发展新质生产力的过程中，我们需要明晰充分发挥运用技术创新的价值，加强新技术的应用性，建立场景性驱动机制。

场景性的驱动主要是指由超大规模市场应用场景带动的新质生产力飞跃。超大规模市场将引导技术创新并极大地支持相应的商业化、市场化、产业化，这是技术创新能够顺利进入市场循环的基础条件之一。

我国众多独特的产业竞争力，都是在别国难以具备的市场应用场景中快速崛起的，如高铁、盾构机、商业网络平台等。实践中不少"卡脖子"技术，并非都是因为技术难以突破，而是因为缺乏实际应用的真实场景。因此，目前仅仅鼓励企业自主创新还不够，还需要有市场和应用场景。这意味着要加快建设全国统一大市场，持续优化民营企业发展环境，真正发挥超大规模市场的应用场景丰富和创新收益放大的独特优势。

4．驱动机制四：发挥体制机制的协调性

在发展新质生产力的过程中，我们需要发挥体制机制的协调作用，建立制度性驱动机制。这一驱动机制主要是指由协调性的体制机制创新推动新质生产力的飞跃。

技术创新活动能够有效发生，在实践中往往是由于激励制度的设计实施，使创新者付出的成本得到有效的制度保障。通常来讲技术创新的风险是很大的，如果没有协调性的体制机

制对创新的激励，很难有人愿意从事这种具有高度不确定性的活动。

因此，要塑造适应新质生产力发展的生产关系，通过改革着力打通束缚新质生产力发展的堵点卡点，让各类先进优质生产要素顺畅流动和高效配置以发展新质生产力，如建立支持创新的长期资本、尊重知识产权、鼓励创新人员持有股权或分享创新收益等。为此，各行各业要健全要素参与收入分配机制，激发劳动、知识、技术、管理、数据和资本等生产要素的活力，在收入分配中更好地体现知识、技术、人力资本导向。

5. 驱动机制五：运用数据要素的传输性

随着科技革命、生产力变革以及经济形态的变化，往往会有新的要素进入生产函数。譬如从"人力"时代进入"马力""电力"时代，资本、技术就成了新的生产要素；而在"网力""算力"时代，数据就顺其自然成了新的生产要素。因此，在发展新质生产力的过程中，我们需要充分发挥数据等新要素的基础作用，建立传输性驱动机制。

数据要素的非稀缺性、非排他性和强流动性是区别于其他传统要素的重要特性。

一方面，数据要素能够渗入劳动力、资本、技术和管理等传统生产要素中，这些要素通过数据赋能，具备智能化的特性，使生产力发生质的飞跃，例如，掌握大数据技术或工具的劳动者的工作效率会得到极大的提升。

另一方面，数据要素能够打通生产、分配、流通、消费各个环节之间的相互联系，会在很大程度上解决信息不对称和信息传输时滞的关键问题，提高生产决策、流通过程的效率和安全性，促进消费体验和消费理念的多元化，进而能够催生一大批新产业、新业态、新模式，为经济社会发展带来新动能，保障经济安全高效地运转。

概言之，抓住新技术革命机遇，加快推动产业创新，是我国发展新质生产力的主线。发展新质生产力，可以从改造升级现有的传统产业做起，用长期主义价值观和发展理念战略性超前部署未来产业。当前我国产业发展的主基调，应该是以推进新一轮科技创新引领现代化产业体系建设。为此，需要各行各业在各方面尤其是制度创新上做好充分的准备，从源头上形成一支庞大的、既具有高地性又具有高原性的人才队伍，全方位迎接第四次产业革命浪潮的到来。

◎ 结语 ◎

　　算力时代，新质生产力驱动下的产业发展与布局模式将更加体现知识性、虚拟性和集聚性，呈现出与以往不同的新形态。中国产业发展的任务也应主要朝着超前布局未来产业、壮大战略性新兴产业和改造现有传统产业的方向发力。

　　在具体实践中，我们应合理利用系统性的多维驱动机制，不断激活劳动者的主体性、拓展算力的技术性、加强技术应用的场景性、发挥体制机制的协调性以及运用数据要素的传输性，从而将技术革命转化为新产业、新动能。

04

算力时代"新质"下的
新产业新业态

导　读

　　新质生产力是创新起主导作用，摆脱传统经济增长方式、生产力发展路径，具有高科技、高效能、高质量特征，符合新发展理念的先进生产力质态。它将在以智能化技术为主要标志的第四次工业革命条件下，不断催生新产业、新模式、新动能，为中国经济塑造持续稳定发展的动力机制，为世界经济复苏与稳定发展注入新的活力。

　　第四讲我们将围绕"如何发展以智能化技术为代表的新质生产力"，聚焦以下 6 个热点话题，从新产业新业态的角度，为读者解读如何通过政策领航，大力发展新质生产力，促进现代化产业体系建设。

- 如何合理配置传统产业、新兴产业与未来产业三大任务？
- 如何积极推进"智改、数转、网联"三大行动？
- 如何大力培育"链主"企业、专精特新企业、中小企业三类主体？
- 如何增强创新、改革、开放三大引擎的动能？
- 如何充分展现知识、技术、人才三大要素的市场价值？
- 如何转型产业政策，激活新产业新业态？

发展新质生产力是推进高质量发展、实现中国式现代化的基本要求，也是唱响中国经济"光明论"的底气所在。加快发展新质生产力，既需要各行各业采取有效措施，同样需要形成与新质生产力相适应的新型产业政策体系，从而激活算力时代的新产业新业态。

如何加快发展新质生产力

在智能化技术革命时代，我们不仅要准确理解新质生产力的内涵，提出加快发展新质生产力的具体、精准的措施，还需要在这一过程中对过去产业的发展与政策的实施方式进行改革，通过产业政策转型防范在新一轮发展中可能出现的一系列问题，实现高质量发展。

目前各行各业应该采取哪些有效措施来发展以"算力"和相应的新技术、新产业为代表的新型生产力呢？概括来讲，全力做好以下五个"三"，是各行各业加快发展新质生产力的重要保障。

1. 动态配置传统产业、新兴产业与未来产业三大任务

从发展新质生产力的接续性看，我们需要在时间分布上动态合理地配置传统产业改造、新兴产业壮大、未来产业培育三大任务。

发展新质生产力首先遇到的问题是如何在时间进程上处理

"新""旧"产业。

在发展新质生产力的过程中，如果先把主要的资源集中投放在未来产业的培育上，可能很难实现投入与产出之间的良性循环；而如果先把主要的注意力集中放在用新技术改造升级传统产业和壮大战略性新兴产业上，取得一定成效后，再把更多的资源战略性地部署到未来产业上，那么发展新质生产力的战略可能就会事半功倍。

此外，传统产业不是与新质生产力相对的落后产业的代名词，它的生产效能完全取决于对其的技术改造。如果传统产业仍然走以高能耗、高物耗和低价格竞争为主的老路，就不需要对其加大改造力度，但很明显这不符合发展新质生产力的基本要求和方向。

以纺织产业为例，经过技术改造，目前纺织产业已用数码喷印技术替代水印染，甩掉了"污染大户"的帽子而成为绿色产业。把纺织产业与医疗健康技术结合，纺织产业也可以成为新型健康产业。运用现代工业化思维和智能化新技术推进产业链、价值链向高端迈进，向技术工艺高峰攀登，是发展新质生产力的主要任务之一。

目前，中国制造业中的传统产业占比很高，即使在全国工业最发达、工业规模最大的江苏省，其制造业中的传统产业也至少占据半壁江山。然而就算是江苏省，其对传统产业进行技术改造的任务也十分艰巨。各行各业千万不可以因为要加快发展新质生产力而忽视利用新技术改造面广、量大的传统产业，忽略了原有的产业。

2. 积极推进"智改、数转、网联"三大行动

从发展新质生产力的具体策略看,各行各业需要积极推进针对现有产业的"智改、数转、网联"三大行动。

"智改、数转"聚焦企业硬件智能化改造和软件集成化应用的叠加,通过组织流程再造和数字化嵌入,全面提升企业在设计、生产、管理和服务等方面的新质态技术水平,提高生产效率;"网联"则依托工业互联网,实现产业链上下游企业之间、制造业企业与数字服务企业之间的联接。

当前中国制造业在实施"智改、数转、网联"时,普遍面临的问题是"智改、数转、网联"三者不协同,从而极大地影响了智能化技术运用的效率。这其中的主要原因包括集成陷阱、中小企业陷阱,以及"智改、数转"的模式亟待变革等。这一点我们在第一讲中进行了详细论述,这里不再赘述。

3. 大力培育"链主"企业、专精特新企业、中小企业三类主体

从发展新质生产力的治理结构看,我们需要大力培育"链主"企业、专精特新企业、中小企业三类主体,并形成现代产业链上有效的协调、协同、协作关系。

发展新质生产力不仅需要加快形成现代化产业链,而且这种产业链还要有处于关键节点上的"链主"企业,它与上游的专精特新企业、中小企业之间能够形成有效的治理结构。这种治理结构不仅要调节好"链主"企业在市场内的竞争垄断关系,还要为上游专精特新企业的创新活动创造市场条件,以市

场化手段解决产业链"卡脖子"问题。

为了利用现代产业链治理机制培育与发展新质生产力，我们也需要改革过去中国产业政策中存在的挑选"输家赢家"的倾向，让产业链竞争中产生更多的激励效应，发挥市场机制而非行政主导的力量去解决绝大多数重要产业的"卡脖子"问题。

发挥市场机制的决定性作用，还需要有产业链"链主"企业的管理和作为。"链主"企业作为微观治理机制的主导力量，在市场中发挥着重要的作用，一是"链主"企业的需求拉动技术创新突破，二是"链主"企业提供商业化应用场景，三是"链主"企业可以沿着产业链进行精准投资，四是"链主"企业与上游企业结成利益联盟进而共同抵御风险。

因此，我们认为在建立现代化产业体系的过程中，产业政策要转向产业链政策。要加强产业链的系统思维，提升收购兼并政策的地位，大力鼓励具有市场和技术优势的各类企业充当"链主"企业，健全"链主"企业治理机制。

总之，要更大力度培育"链主"企业，更高水平培育专精特新企业，更有效率培育中小企业。同时我们可以以大中小企业融通发展、协同发展来推动产业链价值链整体水平的提升。这应该成为中国新质生产力发展中实施的主要产业组织政策。

4. 增强创新、改革、开放三大引擎的动能

从发展新质生产力的动力机制看，我们需要努力增强创新、改革、开放三大引擎的动能。新质生产力在技术形态上的

"新"，主要表现为从以信息技术为中心（工业 3.0）全面转向以智能化技术为中心（工业 4.0），因此，智能化技术的创新既是发展新质生产力的本质要求，也是其主要的、直接的推动引擎。在智能化技术时代，技术创新重在增强工业跃升动力，树立"无科技不工业"的正确观念。

新质生产力的创新不仅包括技术创新，更应该包括市场创新和体制机制创新。新质生产力的发展既会带来社会总供求规模的扩大和供求结构的变化，也会对生产关系的变革提出新要求。根据马克思的生产力理论，生产关系如果不能及时变革，将会极大地阻碍新质生产力的发展并被新质生产力的发展动能所撕裂。因此，不断深化适合新质生产力发展的体制机制改革，是加快新质生产力发展的主要措施之一。当前，要加快市场化、法治化、国际化一流投资营商环境建设，加快新型高标准要素市场培育，让市场真正在资源配置中起决定性作用。

扩大和深化开放既是改革，也是创新，它可以有效地拓展新质生产力的发展空间，给国民经济系统运行注入新的发展动力。

一方面，我们要苦练"内功"，加大对内开放的力度。

这是过去我们强调不够、做得还有所欠缺的地方。未来我们要加大对民营企业和公民个人开放的力度，尽快消除阻碍市场建设的制度性壁垒，形成全国统一大市场，疏通国内外经济循环，发挥超大规模市场优势。

另一方面，我们要勤修"外功"，在新的地缘政治格局下进一步实施高水平对外开放。

在当前复杂的国际政治经济形势下，要破除万难，积极主动实施"单边自我开放"，高度防范可能出现的独立的、自我循环的"内置化"发展倾向；同时，要高质量实施"走出去"战略，更加务实有效地汇聚和利用好全球高端创新要素。

5. 展现知识、技术、人才三大要素的市场价值

从发展新质生产力的要素结构看，我们需要充分展现知识、技术、人才三大要素的市场价值，畅通教育、科技、人才之间的良性循环。

知识、技术、人才要素在什么情况下不能成为生产力中最活跃的要素呢？

第一种情况是要素非市场化倾向严重，它们不能或基本不能自由流动，无法配置到使用效益最高的部门或地区。

第二种情况是市场环境不够宽松，要素活力受到压制。从现实来看，要激发劳动、知识、技术、管理、资本和数据等发展新质生产力的要素的活力，主要还是要通过生产关系改革。具体而言，我们应该通过高标准要素市场建设，建立健全要素参与收入分配的机制，更好地展现知识、技术、人才的市场价值，实现产业链、资金链、技术链、人才链之间的有效融合。

科技有堵点、技术"卡脖子"，是因为缺少对工艺技术的超前基础研究，缺少理解工艺技术机理的优秀、杰出人才。优秀、杰出人才匮缺，往往是因为教育出了问题；教育出了问

　　㊀　凌永辉：《习近平经济思想的新开放发展观》，《上海经济研究》2023 年第 4 期。

题，往往是因为投入不足、教育理念有问题或者教育环境不够宽松。营造鼓励创新、宽容失败的良好氛围，允许人才自由、大胆探索，是发展新质生产力最重要的人才激励措施。因此，要完善人才培养、引进、使用、合理流动的工作机制。要根据科技发展新趋势优化高校学科设置、人才培养模式，为发展新质生产力、推动高质量发展培养急需的人才。

产业政策转型，激活新产业新业态

2024年2月中共中央政治局召开会议，指出"要大力推进现代化产业体系建设，加快发展新质生产力"。我们认为加快改革、形成与新质生产力相适应的新型产业政策，是加快推进新质生产力发展的重要举措之一，也是实现高质量发展、推进中国式现代化的必然要求。如何运用高质量的产业政策激活算力时代的新产业新业态，应该成为各行各业在大力发展新质生产力之前思考的关键问题。

1. 重点支持科技创新环节

产业政策的支持位置要前移，要重点支持处于产业链前端的科技创新环节，减少对产业链后端的产能扩张环节的支持。

目前，中国产业政策实施过程中的一个普遍存在的现象就是，如果政府号召发展某个新兴产业，那么基层部门就会把资源指向这个新兴产业，企业家会听从号召全力以赴，金融机构也会全力以赴给予贷款。这样做的直接结果是产能可以迅速扩张。过去在赶超型经济体系下，由于要追求增长速度，这可能是一种合理的选择。但是，在高质量发展的背景下，它可能就与发展目标背道而驰了。这种产业政策的一个明显的不足是，它往往会把支持创新变成一件全国所有单位和机构都去做的事，这很容易造成全国范围内的资源集中与产能过剩。

因此，如果我们在高质量发展的要求下，把支持创新的产业政策重点放在产业链前端或创新链上，而不是将更多的资源放在生产端，即产业政策支持科技创新的突破而非产能的复制，就可以有效避免这方面的问题。

具体来讲，我们的产业政策要帮助行业攻克"卡脖子"领域和技术，而非帮助特定企业扩大生产规模；当新兴领域技术完成突破、相关企业获得定期垄断的专利权并已可以正常生产，产业政策就要及时退出，不能无限制补贴；金融机构也不能拿着政府的产业政策目录去发放贷款，而要算清楚经济账。

在实践中，创新链与产业链融合的一个重要问题在于科技成果供需的错位。导致这一问题的症结，主要在于科技成果转化应用的概念验证和中试熟化两个关键环节较为薄弱，在一定程度上制约了科技创新与产业创新的深度融合。

（1）概念验证环节。

概念验证是指从技术、市场、产业等维度，对早期科技成果进行验证，重在将科技人员的研究成果转化为具体技术原型或可初步彰显其商业价值的产品雏形，其主要关注的是产品有没有市场、能不能活下来。近年来，我国虽然依托高校相继布局建设了若干概念验证中心，但与发达国家概念验证中心建设运营的数十年发展历史相比，总体上我们还处于初期探索阶段，配套措施还不够完善，无法与科技成果转化的后续步骤形成有效衔接。因此，我们要从资金、人才、管理等方面加大对概念验证平台建设的支持力度，鼓励发展服务于技术转化的现代服务业，助力打通科技成果转化的"最初一公里"。

（2）中试熟化环节。

通常来讲，一项科技成果走出实验室，在通过"市场可行"的概念验证之后，就具备了商品化的条件。接下来最重要的就是验证其能否"规模实施"，即围绕工艺稳定性、生产成本以及良品率等指标进行工程化验证的中试熟化，形成稳定、标准化、可大规模生产的工艺流程，进而推动自主创新成果实现产业化。在具体实践中，我们可以借鉴一些发达国家的经验，推动国内各地的中试平台建设因地制宜进行优化，进一步完善政策支持和市场服务，助力打通从概念样品到工程产品的"最后一公里"。

2. 坚持中央主导型产业政策

运用产业政策的主体地位要上移，要从地方政府主导型产业政策转变为中央主导型产业政策。

改革开放 40 多年来，随着中央不断向地方分权，一方面，形成了中央主导型产业政策能力相对不足的情况；另一方面，相应地形成了地方政府在产业政策体系中占据主导地位的基本格局。

这使得中国经济总体上具有"行政区经济"特征，中央政府与地方政府在产业政策能力上呈现不均衡状态。有雄厚财力支撑的地方政府把产业政策作为参与区域间竞争的主要手段和工具。这类产业政策通常名目繁多、五花八门，在发展效应上虽然极大地提高了竞争强度，但也带来一些问题，如产能过剩、过度投资、政府过度负债、房价高企等。

在各种以产业政策名义主导的区域间竞争中，有的地方政府通过各种明补或暗补的方式，奋力拼抢价高税大的重大投资项目，竞相比拼优惠政策的力度，形成不公平竞争和市场壁垒。为显示经济强大或新闻价值，有的地方政府扭曲市场机制，"一窝蜂"地追求本地没有比较优势的高新技术产业。有的地方政府以保护本地企业的名义滥用行政权力，排除、限制外地企业竞争，或者在这个旗号下，以行政权力干预地方司法，为本地企业谋取利益。

显然，中央政府与地方政府在产业政策能力上的不均衡，使具有明显市场壁垒和地方保护特征的"行政区经济"盛行，在某种程度上阻碍了全国统一大市场的建设。这种情况一方面限制了中央政府在全国统一大市场基础上进行宏观调控的能力，造成中央政府经常只能借助严厉的行政手段进行"一刀切"式的宏观调控；另一方面，中央政府主导型产业政策能力弱，也限制了中央政府对区域间公共品供给的调节能力。

建设全国统一大市场将为尽快形成双循环新发展格局提供基础，为此，要让中央政府主导型产业政策站到前台来。过去，在鼓励地方政府分散竞争的条件下，产业政策主要由地方政府主导，由地方政府作为"准市场主体"参与市场竞争。这是一种可以理解的现实选择。

但是在构建全国统一大市场的决策要求下，地方政府主导型产业政策应该让位于中央主导型产业政策。否则，在市场分割、地方保护的条件下，全国统一大市场就没有形成的基本逻辑。当然，在发展新质生产力、实现中国式现代化的目标下，中央政府主导型产业政策应该集中于少数关键的、最重要的战略性新兴产业和未来产业，运用新型举国体制力量突破少数"卡脖子"的技术瓶颈，彻底疏通上下游产业链和国内外市场间的循环。

3. 创造健康的竞争环境

产业政策实施的方法要转型，要从挑选"输家赢家"、直接分配资源转向创造竞争环境。

过去，有的产业政策直接干预资源分配，不经过市场公平竞争就决定企业的选择。这在市场体系不完善但又需要追求高速度发展的经济体系中，是可以理解的合理行为。但是，在高质量发展要求下，要发展新质生产力，这可能就成了不合理的选择。科技进步的最终动力来源于市场竞争而非行政分配资源，为了鼓励竞争，产业政策可以竞争化使用。例如，用产业政策去扶持某条产业链上的某个潜在或在位的相对弱小的竞争者，以形成与作为垄断势力的强大的链上在位者之间的竞争。在这种情况下，产业政策也是一种具有更加积极进取意义的、可以促进发展的竞争政策。

过去那种以强制拆分、巨额罚款等为代表性手段的反垄断政策，虽然对垄断行为具有强大的威慑、抑制作用，但往往容易伤害产业链上具有国际竞争力的企业，从某些方面来讲是一种有"削足适履"效应的消极经济政策。

目前，国内一些具有全球竞争力的平台型企业，以大数据、物联网、人工智能等新一代信息技术的发展和渗透为依托，正在摧毁旧的产业体系中的各种市场壁垒，推动形成以新技术为主导的市场结构，这对建设全国统一大市场具有革命性意义。

从这个角度来讲，一方面，我们要看到并预防平台经济对市场的垄断和不正当竞争行为，运用新的竞争政策加强对其的规制管理；另一方面，我们也要运用产业政策支持更多平台企业进入，通过平台企业之间的充分竞争，发挥其在打破现有市场分割与政府保护等方面的积极作用。以强化产业链的竞争度为导向，这样的产业政策也就变成了有助于市场竞赛的竞争政策，其政策综合运用的实际效果可能会好很多。

另外，指向"强化产业链尤其是其韧性与安全"的新产业政策路径，有利于在技术快速发展变化的条件下，制定更加科学合理的反垄断标准，促进现代产业的科技进步。在技术快速发展变化的条件下，有无潜在进入者是动态反垄断的主要标准。

其实，这个标准代表的是更高技术水平的潜在进入者与现有主导厂商之间的横向竞争。它既考虑了全球市场中的潜在进入者和替代品的动态竞争标准，也涵盖了各国上下游企业之间的纵向关系。

近年来，依据产业链竞争原则在传统产业中发起反垄断调查的案例也在不断增加。如著名的汽车零部件反垄断案中，处于产业链上游的日本汽车零部件厂商合谋提高价格，而处于产业链下游的整车厂商丰田、本田等又不主动告发，导致这种合谋行为持续数十年未被发现。之所以会出现这种情况原来是因为，下游公司持有大量上游公司的股份，虽然上游公司提高价格造成下游公司表面上受损，但通过持股方式，下游公司也分享了这种合谋带来的垄断利润。

4. 主要补贴消费者

产业政策支持的对象要转型，要从主要补贴生产者转变为主要补贴消费者。

对生产者提供直接补贴仍然是速度型赶超经济体系的特征。它虽然可以为厂商提供研发资金、降低成本和刺激产能扩张，但是，也容易助长产能过剩和企业的寻租腐败行为，引起国际地缘政治经济冲突。

在新发展阶段，比较合适的产业政策扶持方式，除了要对产业政策的补贴方式进行公开化、透明化的改革外，还要转变为对使用者或者消费者进行补贴。这一方面可以刺激新兴产业扩大市场规模，另一方面也可以在生产者争取消费者的过程中遴选出消费者心目中真正优秀的企业。

另外，在发展新质生产力、建设资本市场强国的今天，我们还可以考虑通过强化"科创板"的功能，让真正的高科技企业上市发行股票，以体现产业政策对新质生产力最重要主体——风险型科技企业的特殊支持。这种政策支持因为有市场作为支撑，不但激励力度大，而且符合国际通行规范。

综上所述，发展以智能化技术为代表的新质生产力，重点要关注以下 5 点内容。

- 在时间分布上，要动态合理地配置传统产业改造、新兴产业壮大、未来产业培育三大任务，尤其要高度重视用智能化技术对传统产业进行改造升级。
- 在具体策略上，要积极推进针对现有产业的"智改、数转、网联"三大行动，尤其要注重"网联"行动。
- 在治理结构上，要大力培育"链主"企业、专精特新企业、中小企业三类主体，尤其要聚焦上下游互动与市场化治理，以突破各种创新的瓶颈。
- 在动力机制上，要努力增强创新、改革、开放三大引擎的动能，尤其要加大对内开放的力度。
- 在要素结构上，要充分展现知识、技术、人才三大要素的市场价值，畅通教育、科技、人才的良性循环。

另外，我们不仅要在理论上澄清一些认知误区，也要对现有产业政策的实施方式进行改革，如从注重产能扩张转向创新支持、从地方政府主导型转向中央主导型、从挑选"输家赢家"转向创造竞争环境、从补贴生产者转向补贴消费者，以防止在实践中出现产能过剩等泡沫化现象与问题，最大限度地支持新质生产力的发展。

◎ 结语 ◎

　　新质生产力不断催生新产业、新模式、新动能，为中国经济塑造持续稳定发展的动力机制。各行各业应该采取一系列有效措施来发展以"算力"和相应的新技术、新产业为代表的新质生产力。

　　总体来看，我们的产业政策转型要具体落实在资源的动态配置、具体策略、治理结构、动力机制、要素结构等五个方面。在此基础上，我们还需要加快改革、形成与新质生产力相适应的一系列新型产业政策，包括重点支持科技创新环节、坚持中央主导型产业政策、创造健康的竞争环境等，从而更好地激活新产业新业态，加快发展新质生产力。

05

新质生产力下，产业发展的"新"未来：以江苏省为例

导　读

在当前技术革命的背景下，新质生产力本质上就是以"算力"为代表的新质态的生产力，是实现中国式现代化的经济基础。它要求产业发展更加体现知识性，产业创新性质更加突出基础性，产业布局方式更加显现虚拟性，产业组织关系更加注重扁平性，产业政策实施更加需要平等性，等等。

江苏省是我国的工业大省，实体经济家底雄厚。但目前，江苏省在发展新质生产力的过程中面临诸多困境与挑战，诸如产业结构中服务业占比过低、"链主"企业过少、"四链融合"不够充分、产业空间布局不平衡，等等。为率先实现中国式现

代化，有效应对加速发展新质生产力的现实挑战，江苏省的产业发展应该在战略和政策上采取锻造长板＋补足短板、整体推进＋重点突破、虚拟集聚＋物理集聚、市场需求＋制度供给、国内循环＋国际循环等新措施，实施面向新质生产力的产业发展五大新战略。

第五讲围绕新质生产力下中国产业发展的未来方向，结合江苏省产业发展的现状与未来产业发展的挑战，从产业具体实践的角度，讲述大力发展新质生产力中有关产业发展的重要话题：

- 算力时代产业发展的"新"未来在何处？
- 未来产业的发展会面临哪些"新"挑战？
- 江苏省如何大力发展新质生产力，培育增长新动能？

算力时代的产业发展，将在多维度上呈现与以往时代截然不同的特征。面对这些新特征、新趋势，我们以工业大省江苏省为典型案例，梳理其产业发展的现状与问题、未来产业发展将面临的困难与挑战，进而针对性地提出下一阶段产业发展的新思路新战略，以期为全国加快发展新质生产力提供实践借鉴。

算力时代产业发展的"新"未来

加快发展新质生产力是在实现中国式现代化的背景下，进一步促进高质量发展的必然要求，也是建设现代化产业体系的具体体现。由于以"算力"为代表的新质生产力，主要面向通用人工智能、脑机接口、量子计算、量子通信等前沿技术催生的未来产业，因而未来的"新产业"在产业发展内涵、产业创新性质、产业布局方式、产业组织关系和产业政策实施方面都展现出与以往大不相同的特点和趋势。

总体来看，算力时代产业发展的"新"未来主要体现在以下 5 个方面。

1. 产业发展内涵更加体现知识性

新质生产力下，由大数据、人工智能及其智能硬件和软件系统共同组成的知识密集型的数字技术，将成为继蒸汽机、电力、信息与通信技术（ICT）之后的新一代通用技术。这种内含新知识的新通用技术集群式的链式演化，将极大地拓宽产业的外延，对未来生产生活和经济社会发展产生巨大的全局性、引领性的影响。

2. 产业创新性质更加突出基础性

新质生产力下的数字技术，将重塑产业创新的底层逻辑和架构，有关现代产业的数据传递、信息联通、运行算法、控制逻辑、财富效率等都取决于数字技术的突破。同时，这也意味着数字"算力"本身对基础研究和开发具有较强的依赖性。可以预期，未来的产业创新过程中，基础性的研发将更为关键和重要，对其的投入也会大幅增长。

3. 产业布局方式更加显现虚拟性

随着新一代数字通用技术的广泛应用，虚拟连接方式的兴起大大节约交流成本，时间和空间都被大大压缩，企业与企业之间在地理空间上的临近性、关联化对企业成长演化的重要性将大大降低，溢出效应会以新的技术连接方式体现。产业布局原先那种地理空间集聚模式，将变成以数据和信息实时交换为核心的网络虚拟集聚模式。⊖

4. 产业组织关系更加注重扁平性

新质生产力正在改变产业内大中小企业之间的连接关系。在数字"算力"推动下，企业之间的交易成本持续下降，产业链的长短变得不再重要，如何连接才是重要选择。由于实时数

⊖　王如玉、梁琦、李广乾：《虚拟集聚：新一代信息技术与实体经济深度融合的空间组织新形态》，《管理世界》2018 年第 2 期。

据传递，过去那种依托层层代理与客户或供应商联系的状况将发生改变。同时，企业内部的组织结构，也由于"算力"加持而呈现扁平化趋势。

5. 产业政策实施更加需要平等性

由于新质生产力下的产业性质普遍具有未来性，因而往往伴随着巨大的不确定性。[○]过去那种"挑选赢家"的非平等性产业政策，难以有效地引导资源最优配置，应该让平等性产业政策发挥更大的作用，以充分激发企业的创新潜力和市场竞争效应。

未来产业发展的"新"挑战：以江苏省为例

在加速布局发展新质生产力的产业实践上，我们以江苏省为例来进行具体分析。之所以选择江苏省，是因为其在以下两方面具有代表性。

一是江苏省经济发展长期处于国内排头兵地位，拥有发达的实体经济，尤其是制造业，这是江苏省产业结构最重要的特点，但是同时这也意味着江苏省对传统产业改造升级的任务十分艰巨。

二是江苏省面临着为我国加速实现中国式现代化探路的重要发展使命，新质生产力作为率先实现现代化的基础，其发展

○ 李晓华、王怡帆：《未来产业的演化机制与产业政策选择》，《改革》2021 年第 2 期。

水平和状态在这个过程中起着关键的作用。

江苏省产业发展的现状与问题

从总体上看，江苏省现阶段的产业发展主要存在以下 5 个方面的问题。

1. 产业结构：制造业占比高，生产性服务业占比低

在产业结构现代化方面，江苏省的主要问题是第三产业占比比较低，普通制造业占比太高，在过去二十多年来江苏省在调整和提高生产性服务业比例方面遇到很大的困难。

相对于广东省和浙江省等经济大省，江苏省的生产性服务业占比比较低。江苏省制造业占比高，与其长期以来形成的世界工厂的地位有着直接关系。由于侧重于加工制造装配生产活动，属于"脑袋"和"心脏"研发、设计等生产性服务业并没有同步协调地发展起来。这种状态极大地影响了江苏省产业高端化升级的要求，其主要表现为对未来产业发展的需求和紧迫性不够高。

2. 产业组织：缺乏"链主"型企业

在产业组织现代化方面，江苏省长期缺乏具有全球产业控制力和世界影响力的"链主"型企业，寡头垄断竞争格局没有随着经济的发展而出现。

2022 年，江苏省营收超百亿元的上市企业有 59 家，其中营收超千亿元的有 14 家，多数是钢铁、石化、建筑企业，与

专精特新中小企业之间联系微弱，而浙江省有 95 家，广东省有 117 家。[⊖]

一个值得称道的现象是，截至 2022 年底，江苏省创建国家级专精特新"小巨人"企业 709 家、制造业"单项冠军"186 家；而浙江省分别是 502 家和 140 家，广东省分别是 867 家与 132 家。

从这个角度看，江苏省利用资本市场大力鼓励位于产业链下游或具有核心技术优势的现有企业进行并购重组、形成现代化产业组织的空间广阔、任务艰巨。

3. 产业循环：工业外向度低

在产业循环格局现代化方面，在过去以利用西方市场为特征的客场全球化发展中，江苏省的工业外向度一直低于广东省且不断下降，特别是在 2013 年后，江苏省的工业外向度持续走低，逐渐低于浙江省[⊜]。现在要从国家战略方面转型为以利用本国市场为特征的主场全球化，[⊜]江苏省产业面临内需不足的重要困难，由此很难确立起由内循环主导外循环的产业发展格局。

⊖ 刘志彪、凌永辉、孙瑞东：《新质生产力下产业发展方向与战略——以江苏为例》，《南京社会科学》2023 年第 11 期。

⊜ 刘志彪、凌永辉、孙瑞东：《新质生产力下产业发展方向与战略——以江苏为例》，《南京社会科学》2023 年第 11 期。

⊜ 刘志彪、凌永辉，《中国经济：从客场到主场的全球化发展新格局》，《重庆大学学报社会科学版》，2020 年第 6 期。

4. 产业要素："四链"⊖融合不充分

在产业要素协同现代化方面，从产业链与创新链的关系看，与合肥相比，江苏省缺少能进入产业链的重大科技项目；与深圳相比，江苏省的创新资源不是集中在企业而是集中在政府和高校。

从产业链与资金链的关系看，江苏省现在比较普遍的情况是，一些大资本不愿意进入实体经济，只愿意在虚拟经济体系中循环。

从产业链与人才链的关系看，现在江苏省的年轻一代，往往不太愿意继承老一辈企业家的实业，传统制造业发展难以为继。

从创新链与资金链的关系看，江苏省整体上缺少支持产业科技创新的长期资本，资本短期化选择行为比较普遍。针对这种情况可能需要政府出面，出资引导社会资金组建千亿元以上的科技产业投资基金，交给业绩优良的大企业去运作。

5. 产业布局：发展不均，各区域板块之间缺少产业联系

在产业布局现代化方面，江苏省的基本特征一是不平衡、不均衡；二是产业集群和产业链之间独立，省内各地区间的经济联系性较弱，这主要表现在以下方面：

- 江淮生态经济区，目前处于以农副产品为原料的粗加工 — 精加工的工业化发展阶段（以食品、纺织等产业为代表）。

⊖　四链是指产业链、人才链、创新链与资金链。

- 沿海经济带，处于以资源原料为中心的重化工业化发展阶段（以船舶、海工、化工、新能源等产业为代表）。
- 徐州淮海经济区，处于以资本为重心的重工业化发展阶段（以工程机械、农机装备等产业为代表）。
- 扬子江城市群，处于以第三次工业革命向第四次工业革命转型为特征的后工业化阶段（以生物医药、物联网、半导体、人工智能、航天航空等产业为代表）。

很显然，由于发展阶段不同，各大区域板块之间缺少紧密的产业联系。

在加快发展新质生产力的背景下，产业形态将逐渐转向数字化、智能化和绿色化，通用人工智能、脑机接口、量子计算、量子通信等前沿技术催生的未来产业，将是"算力"时代产业发展的方向和趋势。

若某一地区当前的支柱产业大多仍是"电力"时代甚至"马力"时代的传统产业，而其主导产业对经济的带动不足，对未来产业的布局准备不足，则该地区将会因难以适应生产力嬗变而面临诸多发展问题。因此，江苏省的产业发展应凸显产业本身的知识性和未来性，以着眼于产业的知识密集性和未来性特征为抓手，进行超前布局。

江苏省未来产业发展的挑战

从目前产业发展的现状和实际情况来看，江苏省未来产业仍然面临着三个方面的挑战。

1. 产业结构需要优化，未来产业准备不足

在产业结构动态化方面，江苏省目前的支柱产业大多是传统产业，技术改造和转型升级的任务十分艰巨，而且对未来产业的准备不足。

目前江苏省工业增加值最大的六个产业按规模排序分别是：机械制造业、电子信息产业、化学原料及化学制品制造业、食品制造业、金属制品业、纺织业。广东省工业增加值占到 5% 以上的产业按规模分别是：计算机产业、通信和其他电子设备制造业、电气机械和器材制造业、汽车制造业、电力产业、热力生产和供应业。浙江省工业增加值占到 5% 以上的产业按规模排序分别是：电气机械和器材制造业、计算机产业、通信和其他电子设备制造业、汽车制造业、通用设备制造业、化学原料和化学制品制造业、纺织业。三个省份相比，很显然江苏省支柱产业中传统产业占比较高。

另外，通过比较较早发力布局未来产业的深圳市、上海市和浙江省，我们也可以发现，江苏省可能因为传统产业包袱重，对未来产业的顶层设计和专项规划还要进一步加强。

《上海打造未来产业创新高地发展壮大未来产业集群行动方案》提出，从未来健康、未来智能、未来能源、未来空间、未来材料五个方向及其细分领域发展未来产业，依据不同区域产业基础与优势开展布局，并给予研发费用加计扣除、装备首台（套）、科技创新券等政策，实现到 2030 年未来产业产值达到 5 000 亿元左右的目标。

浙江省《关于培育发展未来产业的指导意见》提出，优先发展 9 个快速成长的未来产业、探索发展 6 个远期潜力巨大的未来产业的"9+6"梯次培育发展方向，提出构筑未来技术创新平台、争创国家未来产业先导区、推动成果加速转化等多项具体举措，并逐一落实到责任单位。

2. 未来产业的省域布局不平衡

目前，江苏省未来产业的省域内布局呈现较明显的区域不平衡性。

南京市、苏州市、无锡市三市已抢先发布相关专项文件，谋划布局发展未来产业。

例如，《南京市加快培育新赛道发展未来产业行动计划》确定了新一代人工智能、第三代半导体、基因与细胞、元宇宙、未来网络与先进通信以及储能与氢能六大未来产业细分赛道。

苏州市《市政府关于加快培育未来产业的工作意见》谋划重点发展前沿新材料、光子芯片与光器件、元宇宙、氢能、数字金融、细胞和基因诊疗、空天开发、量子技术等未来产业领域，并进行空间布局和动态评估。

无锡市明确构建"465"现代产业体系，重点布局人工智能、量子科技、第三代半导体、氢能和储能、深海装备等五个未来产业领域。

而江苏省内其他城市还未开展部署，未来产业的省域布局总体上呈现苏南强势抢先、苏北尚未启动的区域不平衡局面，并且各城市均是依据自身产业基础与优势而规划布局的，这不可避免地存在赛道重叠与潜在竞争。整体来看，江苏省的未来产业尚需进一步在省级层面进行顶层设计，"全省一盘棋"地统筹谋划与布局，形成发展的合力。

3. 未来产业发展的要素生态需要优化

在接下来的发展中，支撑江苏省未来产业发展的要素生态还需要进一步完善和优化。

目前，支撑江苏省未来产业发展的良性生态体系还未完全建立起来，这主要表现在以下三个方面。

一是基础研究投入不足。2022 年，江苏省全省共投入研究与试验发展（R&D）经费 3 835.4 亿元，R&D 经费投入强度为 3.12%，较 2021 年提高 0.19%，[一]尽管高于 2.54% 的全国水平，但仍低于北京（6.83%）、上海（4.44%）、天津（3.49%）和广东（3.42%）四省市。[二]2022 年江苏省全省基础研究经费为 158.8 亿元，占 R&D 经费比重约为 4.14%，比 2021 年提升0.19 个百分点，但也低于 6.57% 的全国平均水平。

二是创新成果转化不畅。基础研究的主体是高校，产业化的主体是企业，中间则需要高水平的研发和成果转化平台。推动科技成果市场化的成熟的中介和桥梁较为缺乏，这在未来产业的产业化问题上尤为突出。

三是高端人才储备不够。江苏省人才队伍体量虽大，但未

[一] 2022 年江苏省科技经费投入统计公报。
[二] 2022 年全国科技经费投入统计公报。

来产业发展所需的"高精尖缺"人才供给极其不足，尤其是缺少有影响力、引领型的科技企业平台，导致企业层面的人才竞争能力不强。

新质生产力下江苏省产业发展的"五新"战略

过去，江苏省发展经历了农村工业化阶段、经济国际化阶段和城镇化、城市化阶段，成功地实现了"农转工""内转外""乡转城"目标，从而奠定了江苏省今天的新局面和跃向中国式现代化新目标的发展基础。

江苏省的实践丰富了我国在二元经济结构下实现现代化的发展理论。其中一个比较重要的结论是：不仅不同的经济社会发展阶段，对应着不同质态的新质生产力，而且不同的新质生产力，也需要有不同的引发条件和推进机制。

- **"农转工"发展阶段**：新质生产力面临的是"短缺经济"时代，能够刺激社会提供更多的产出品供应的体制机制，就是新质生产力的主要构成要素和主要内涵。当时的农村社队工业和乡镇企业，就是推进新质生产力发展的主要力量。

- **"内转外"发展阶段**：新质生产力面临的是"经济全球化"时代，其构成要素和内涵主要是具有高性价比的生产要素、引进的外国技术设备、被压缩的时空距离和运输技术、网络信息技术等。以吸引外资、出口加工为主要任务的各种经济园区是新质生产力的主要载体。

- **"乡转城"发展阶段**：推动新质生产力发展的最活跃要素是源源不断地从农村向城市转移的劳动力，以及城乡分割的制度壁垒的破除。新质生产力的产业形态则以房地产、家用电器、轿车等主导产业为代表。

当前，江苏省经济发展正全面进入"投转创"阶段，但在转向依靠技术创新的发展时遇到了以下不小的转型困难：

- 对国外市场和技术高度依赖，生产力发展的自主性有待提升。
- 传统产业比重过高，转型升级速度缓慢。
- 政府对房地产依赖过重、债务负担过重。

这从某些方面反映了在数字经济新时代，江苏省对构建新质生产力需要的要素和主要内涵还缺乏足够的体制机制准备，在对应的技术发展和产业发展上，还缺少及时应对的战略和措施。

因此，在本讲中，我们从全面认识和构建新质生产力内在要素的角度，提出未来江苏省产业发展的"五新"战略——扬长补短战略、系统协同战略、虚实结合战略、双轮驱动战略、内外统筹战略。

1. 扬长补短战略："锻造长板 + 补足短板"

在江苏省过去的发展阶段中，劳动、土地等廉价要素资源是促进产业发展的比较优势所在。在过去的产业或产品分工中，分工效率是比安全更重要的考量因素，因此技术的短板可以通过引进和模仿来补足。

在新质生产力下，国际间的技术竞争越发激烈，关键技术、核心部件等必须依靠自主创新来获取，而这也正是"江苏制造"的短板所在，并且成为未来"江苏创造"的最重要限制。

因此，江苏省既要充分发挥自己的比较优势，全力发展我们有竞争优势的产业，同时也要重点选择那些"缺芯"的产业链，专注地把技术一层一层地往上做，逐步掌握这些重要的价值环节。

2. 系统协同战略："整体推进＋重点突破"

新质生产力下的产业发展是动态演化的过程，且由于"算力"的技术迭代更新非常迅速，一些新兴产业和未来产业活动充满无限的变化，人们通常很难提前预料确定的结果。而且，产业发展还会受技术经济性、应用场景、市场发育、政策支持力度等因素影响，不同产业"赛道"或发展方向的成熟度也会出现分异。

为此，我们需要构筑与新质生产力相契合的产业发展新系统。一方面，整体推进以数据创新为驱动、以通信网络为基础、以数据算力设施为核心的数字基础设施相关产业发展。另一方面，重点突破关乎产业安全与战略能力的关键产业、关键技术、关键部件、关键基础设施的瓶颈，占据未来战略竞争制高点。

3. 虚实结合战略："虚拟集聚＋物理集聚"

数字"算力"技术极大地改善了信息、知识交流效率，大大地降低了知识溢出对空间集聚的依赖程度，并且在数字算力技术与实体经济加速融合的过程中，形成了新型产业集聚模式，即"虚拟集聚＋物理集聚"。

这种虚实结合的产业空间布局模式，具有数据资源化、交易实时化、需求个性化、生产柔性化、组织平台化等特征，[○]它不仅能够为数字通用技术提供大量的应用场景，孕育出大量的新业态，还有利于对传统产业进行改造，提高传统产业的附加值。

此外，这种虚实结合的集聚模式，还能够在一定程度上调和产业集聚与区域协调之间的两难选择。江苏省要利用好产业集聚的现有优势，进一步加大对产业虚拟集聚的支持力度。

4. 双轮驱动战略："市场需求＋制度供给"

在数字"算力"时代，数据的生产和消费是非常关键的内容。消费者不是单一的消费者，消费者也会参与生产的过程，从而产生关于需求的大量信息，这些信息通过大数据计算和分析后能够更好地指导企业生产。

通过扩大市场需求规模，能够快速积累海量数据资源，对促进投资驱动型经济转化为创新驱动型经济具有重大意义。不过，创新驱动型经济的决定性因素，不完全是增加新的生产要素投入，更多的是要依靠制度供给。

新质生产力下的未来型、知识型产业，也是制度敏感型、

○　田霖、韩岩博：《虚拟集聚理论与应用研究评介》，《重庆大学学报社会科学版》2021年第1期。

制度依赖型产业。政府要把经济工作中的新理念、新思想、新方法、新机构、新法规、新政策和新工作载体等，引入原有的制度体系、政策体系和工作体系中，实现新的发展组合能力。

5. 内外统筹战略："国内循环 + 国际循环"

当前的全球产业链向着短链化、区域化、数字化、绿色化等方向发生重构，可能会使新质生产力出现新的表现形式。例如，全球产业链的区域化发展，使过去全球价值链中无数供应商竞争跨国大买家的形式，变为全球产业链集群之间的竞争。

中国沿海地区在四十多年的改革开放中形成的产业集群，正面临与美国、加拿大、墨西哥、东盟、东欧等区域的全球产业链集群的高度竞争，产业转移趋势从未停滞。这背后的驱动力量来自庞大的市场订单。这对江苏省产业发展来说，既是机遇也是挑战。

一方面，江苏省科教资源丰富、产业集聚规模可观、外溢效应明显，有能力也有条件在全球产业链集群竞争格局的挑战中把握主动。

另一方面，江苏省对过去那种依靠出口市场订单的客场全球化模式具有较强的路径依赖，对内开放程度远低于对外开放。在培育新质生产力、构建新发展格局的要求下，江苏省要转向以利用国内市场为主，采取主场全球化战略，全方位构建双循环的交通枢纽、科技枢纽、贸易枢纽、金融枢纽、信息枢纽，更好地统筹国内循环和国际循环。

因地制宜发展新质生产力，培育增长新动能：
以江苏省为例

2024 年 3 月 5 日，习近平总书记参加十四届全国人大二次会议江苏代表团审议并发表重要讲话，强调要牢牢把握高质量发展这个首要任务，因地制宜加快发展新质生产力，使江苏成为发展新质生产力的重要阵地。江苏省按照习近平总书记的这一要求，大力建设具有强劲驱动力的科技创新策源地、引领现代化产业体系建设的新高地、构建新型生产关系的先行地，并取得了一系列的成绩。

本讲中我们将总结江苏省因地制宜发展生产力、培育新动能的经验与做法，期望能够为国内其他地区提供一定的实践借鉴。

江苏省如何因地制宜，大力加快发展新质生产力

1. 科技创新引领产业创新，建设科技创新策源地

江苏省积极以科技创新引领产业创新，建设具有强劲驱动力的科技创新策源地，其主要做法主要体现在以下四个方面。

（1）面向国家战略需求和江苏省产业发展需要，构筑重大创新平台。

截至 2023 年末，苏州实验室总部基地正式开工；紫金山实验室建设首个 6G 综合实验室，发布内生安全芯片等重大原创成果；太湖实验室布局建设连云港中心，研制全球首艘深远

海绿色智能技术试验船；生物药、第三代半导体、集成电路设计自动化 3 个国家技术创新中心组织实施核酸药物、车规级芯片、智能 EDA 工具等一批关键核心技术攻关项目。

（2）积极布局基础研究。

江苏省政府出台《江苏省加强基础研究行动方案》，推进"1820"系统布局。依托南京大学、东南大学建设省物理、应用数学科学研究中心，南京工业大学和南京师范大学建设省合成生物基础研究中心，举办"顶尖科学家江苏行"系列活动。

（3）推进关键技术攻关。

在人工智能、量子通信、生物医药、前沿材料、高端装备等重点领域，江苏省立项支持 89 项产业前瞻技术研发项目和 85 项重大科技成果转化项目。中国电子科技集团公司第五十五研究所首款全国产 1200V 碳化硅器件、苏州英诺赛科全球首条 8 英寸硅基氮化镓量产线、徐工世界最大吨位悬臂式隧道掘进机等重大成果涌现。

2024 年瞄准未来网络、量子技术、合成生物、类脑智能、低空经济等新赛道，江苏省布局 80 个前沿技术研发项目，催生新产业新动能，出台科技创新引领未来产业发展"5 个 100"行动，瞄准第三代半导体、6G 技术、通用人工智能等领域，部署实施科技重大专项，计划启动 40 项科技重大攻关项目，加快研制战略目标产品。

（4）激发企业作为创新主体的活力。

江苏省出台培育独角兽企业着力发展新质生产力的支

持举措、提升企业技术创新能力 10 条政策和支持民营企业参与重大科技创新 12 条政策，培育创新型企业梯队。深化高新技术企业"小升高"行动，高新技术企业突破 5.1 万家；科技型中小企业 9.4 万家，位居全国第一[⊖]。36 家企业入围 2024 胡润全球独角兽榜单，占全国的 1/10。牵头会同沪浙皖科技部门，支持思必驰、中微高科、康缘药业等龙头企业或重大创新平台牵头建设语言计算、生物制药、量子通信等首批 12 家长三角创新联合体，联合产业链上下游开展协同攻关。

2. 推进"三大任务"，建设引领现代化产业体系建设的新高地

江苏省对标总书记重要指示精神，坚持政策先行、规划引领，2023 年以来，江苏省出台了《关于推动战略性新兴产业融合集群发展的实施方案》《关于加快培育发展未来产业的指导意见》等多个专项政策，统筹推进"传统产业升级、新兴产业壮大、未来产业培育"三大任务，构建以先进制造业为骨干的现代化产业体系。

2023 年，江苏省全省制造业增加值达 4.66 万亿元，占全国 14.1%，制造业增加值占 GDP 比重达 36.3%。机械、电子、轻工、冶金、石化、纺织 6 个行业规模超万亿元；集成电路、生物医药、物联网、新型电力装备、高端装备等多个产业规模居全国首位。

⊖　江苏省科技厅，《省科技厅召开 2023 年度厅系统年终总结会议》。

（1）巩固传统产业领先地位。

在巩固传统产业领先地位方面，江苏省取得了以下三点成绩。

一是实施传统产业焕新工程，推动产业高端化。2024 年以来，江苏省充分用好国家大规模设备更新和消费品以旧换新政策，省财政厅对制造业企业设备购置与更新改造项目贷款予以贴息支持，对于符合条件的项目省级财政贴息 1 个百分点，鼓励市、县两级再各贴息 1 个百分点，助力传统产业加快向高端攀升。

二是开展制造业"智改、数转、网联"行动，推动产业智能化。江苏省逐群逐链编制行业实施指南，推动规上工业企业免费诊断、上云和主要生产设备数字化"三个全覆盖"。截至 2023 年末，累计培育全球"灯塔工厂"12 家，国家级智能工厂 32 家、省级 646 家，星级上云企业超 2.4 万家。

三是实施工业领域及重点行业碳达峰方案、节能技改三年行动计划，推动产业绿色化。截至 2023 年末，已累计培育国家绿色工厂 349 家、省级 1 011 家，国家级绿色园区 33 家，位居全国第一。

（2）发展壮大新兴产业。

在发展壮大新兴产业方面，江苏省取得了以下两点进展。

一是推动战略性新兴产业融合集群发展。实施《关于推动战略性新兴产业融合集群发展的实施方案》，明确了推动战略性新兴产业融合集群发展的融合化、集群化、绿色化、差异化、市场化原则。推进苏州市先进材料产业融合集群、无锡市集成电路产业融合集群、常州市新能源产业融合集群、盐城市新能源产业融合集群等 5 个首批省级试点示范集群建设。

二是实施产业链强链补链延链行动和重点产业链高质量发展行动，打造新质生产力发展主阵地。聚焦"1650"产业体系和"51010"战略性新兴产业体系，构建"群链企"协同的系统推进机制；编制产业再造发展目录，逐链开展技术评估，"一链一策"，打通堵点；在集成电路、生物医药、工业母机、工程机械、工业软件等领域，研究制定产业链高质量发展行动方案。2023 年，江苏省战略性新兴产业产值增长 4.6%，增速高于全部规上工业平均水平；2024 年第一季度工业战略性新兴产业产值占规上工业产值比重达 40.9%、保持基本稳定；高技术产业产值占规上工业产值比重达 50.2%、较上年同期增长 1 个百分点[⊖]。

（3）前瞻布局未来产业。

在未来产业方面，江苏省进行了以下重要的前瞻布局。

一是根据国家重大战略导向和江苏省现实需求，梯次布局江苏省"10+X"的未来产业体系。聚焦第三代半导体、未来网络、氢能、新型储能等 10 个成长型未来产业和量子科技、先进核能等一批前沿性未来产业。

二是引导各城市立足自身产业创新基础、因地制宜选择未来产业赛道。如苏州布局建设前沿新材料、氢能、量子技术、空天开发等八大领域，打造产业科技创新中心主承载区；无锡

⊖　江苏省发改委提供的调研资料。

积极抢位布局人工智能、量子科技、氢能和储能、深海装备等前沿领域；常州率先出台推进合成生物产业高质量发展实施意见和政策措施，前瞻布局合成生物、细胞和基因等领域。

三是探索"社会需求＋场景应用"为导向的牵引模式。围绕区块链、元宇宙、通用智能等重点方向，定期遴选发布典型应用场景清单，打造标杆示范场景，支持南京、无锡、苏州分别建设国家人工智能创新应用先导区、国家区块链发展先导区和国家车联网先导区。围绕第三代半导体、商业航天、生物制造等未来产业重点领域，组织实施一批技术攻关项目，推动未来产业新产品、新应用加速落地。

3. 深化体制机制改革，建设构建新型生产关系的先行地

（1）深入推进科技体制改革。

江苏省着力健全新型举国体制省域实现机制，完善"揭榜挂帅""赛马"制等科技攻关组织方式，建立教育科技人才一体推进联席会议机制，遴选14家单位开展职务科技成果赋权改革。支持省产业技术研究院持续探索拨投结合、项目经理等新机制，目前已成立专业研究所77家、转化科技成果7 000多项、孵化企业1 300多家。

（2）优化人才与金融机制，营造发展新质生产力的良好生态。

江苏省构建人才的引进和合理流动机制，聚焦重大战略部署和关键核心技术攻关，以国家和省级重点引才计划为抓手，精准引进一批产业科技创新尖端人才。实施金融赋能制造强省行动，充分发挥金融活水作用和贷款贴息效能，定向开发金融服务产品，开展中小微企业融资促进、"一月一链"专精特新中小企业投融资路演等活动，2023 年合作银行累计为"白名单"企业发放贷款超 2 000 亿元。

江苏省应该如何大力加快发展新质生产力

基于以上江苏省大力加快发展新质生产力的现状，我们提出了未来江苏省进一步因地制宜发展新质生产力、培育经济增长新动能的四点建议。

1. 进行战略性部署

江苏省要对打造发展新质生产力重要阵地这个新的重大要求进行战略性部署。为了实现这个战略目标定位，江苏省应该在科技创新、产业升级、绿色发展、改革开放、人才引领等方面继续保持在全国"第一方阵"的地位，加快形成具有全球影响力的产业科技创新中心、具有国际竞争力的先进制造业基地、具有世界聚合力的双向开放枢纽，形成发展新质生产力的先行优势。

在"十五五"期间，江苏省要基本建成科技强省、人才强省、制造强省，形成与"一中心一基地一枢纽"相匹配的核心功能，生产力发展实现能级跃升，成为全国发展新质生产力的重要阵地；争取到 2035 年，与基本实现社会主义现代化相适应，全面建成"一中心一基地一枢纽"，成为跻身全球价值链中高端的重要区域。

2. 完善科技与产业融合的创新生态

要加快构建完善科技与产业深度融合的创新生态。科技创新和产业创新的深度融合不足的问题，是一个长期不能很好地解决的老大难问题。

作为科教资源丰富、制造业发达的大省，江苏省应该从形成新质生产关系的高度，从制度创新上设计并实践出一套从基础研究到工程化再到产业化的全链条创新生态。如提高创新与制造的邻近性；完善科学家、工程师与企业家的交流融合机制；在新材料、重大装备等领域，要根据行业特性针对性地布局概念验证中心、中试熟化平台、公共检测平台、共性技术平台；着手培育专业化的技术、法律、咨询等中间服务市场，确保新技术能够顺利验证与落地，加速科技成果产业化的进程，将实验室里的创新有效转化为新质生产力，等等。

3. 合理配置传统产业、新兴产业、未来产业三大任务

更合理地配置传统产业改造、新兴产业壮大、未来产业培育三大任务。

一是，应当更合理地在时间进程上处理"新""旧"产业的问题。需要进一步合理地配置资源和时间，先把主要注意力放在用新兴技术改造升级传统产业和壮大战略性新兴产业上，再把盈余的资源战略性地部署到未来产业。

二是，把握好"先立后破、因地制宜、分类指导"这个重要方法论，分行业、分领域、有针对性地开展工作。如对于传统产业，化工行业重点突出安全环保；汽车行业重点突出转

型提质；钢铁行业重点突出高端绿色；纺织服装业重点突出品牌打造等。对于新兴产业，根据产业集群的不同生命周期，采取差异化的政策体系，处于快速成长期的产业集群，如生物医药、新一代信息通信等，更需要创新政策的支撑；处于市场成熟期的产业集群，如新型电力装备、智能装备等，则更需要产业政策的倾斜。

4. 营造与新质生产力相适应的环境

要营造与新质生产力相适应的环境土壤，充分畅通教育、科技、人才的良性循环。同时也要提高金融适配性，积极推动创新链、产业链、人才链、资金链"四链融合"。把"人"作为新质生产力最活跃的要素，营造鼓励创新、宽容失败的良好氛围，允许人才自由大胆地探索，完善人才的培养、引进、使用、合理流动的工作机制。

◎ 结语 ◎

　　算力时代的产业发展将呈现出新的五大特征，例如，产业发展内涵更加体现知识性、产业创新性质更加突出基础性、产业布局方式更加呈现虚拟性、产业组织关系更加注重扁平性、产业政策实施更加需要平等性，等等。在这样的背景下，在发展新质生产力的产业实践中，工业大省江苏省极具代表性。在当前"投转创"的阶段，江苏省面临着产业结构、产业组织、产业循环、产业要素、产业布局等诸多方面的问题与挑战。

　　基于此，第五讲我们针对性地提出"锻造长板＋补足短板""整体推进＋重点突破""虚拟集聚＋物理集聚""市场需求＋制度供给""国内循环＋国际循环"的产业发展"五新"战略。同时通过梳理江苏省在科技创新引领、产业体系构建、体制机制改革等维度上因地制宜发展新质生产力的经验与做法，为全国各地、各行各业如何加快发展新质生产力，提供经验借鉴与发展方向。

06

◦ 第六讲 ◦

改造传统产业，以"新"推进智改数转网联

导　读

在新一轮技术革命和产业变革的背景下，新质生产力本质上就是以"算力"为代表的新的生产力形态，具有制造模式智能化、产业形态融合化、生产结构绿色化等突出特征。当前我国发展新质生产力，产业政策要壮大战略性新兴产业，战略性地超前部署未来产业，首要的、最重要的任务还是要推动对传统产业智改数转网联。

党的二十大以来，社会各界对建设现代化产业体系的内涵进行了多视角、多维度的解读，基本上明确了其现代知识技术密集、创新能力强、附加值率高的若干基本特征。习近平总书

记在东北考察期间提到"新质生产力",这显然为加快产业发展新旧动能转换和建设现代化产业体系指明了战略方向。⊖从现阶段来看,所谓新质生产力,是在社会日渐网络化、信息化、数字化、智能化的条件下,生产力因科技创新加速、新型产业崛起而呈现的新形态,其本质上就是以"算力"为典型代表的新型生产力,是实现中国式现代化的经济基础。

在加快建设现代化产业体系的背景下,发展新质生产力的重点是什么呢?第六讲围绕这个核心问题,重点解读了以下三个热点话题:

- 如何突破各种陷阱,以"新"改造传统产业?
- 如何以"新"推进传统产业的智改数转网联?
- 新质生产力如何推进农业现代化?

发展新质生产力,不仅要发展壮大新兴产业、超前布局未来产业,更要注重传统产业的升级改造。现阶段,传统产业不能简单地被贴上"落后、低技术、高能耗"的标签,我们需要以现代工业化思维和技术对传统产业加以改造,推进智改数转网联,使传统产业在算力时代得以焕发新的生机。

⊖ 刘洋:《深刻理解和把握发展新质生产力的内涵要义》,《红旗文稿》2023年第24期。

突破陷阱，以"新"改造传统产业

发展新质生产力的产业目标与重点任务

2023 年中央经济工作会议提出要以科技创新推动产业创新，特别是以颠覆性技术和前沿技术催生新产业、新模式、新动能，发展新质生产力。一些人把这个表述理解为发展新质生产力就是要壮大战略性新兴产业和部署未来产业，但是我们认为这种理解其实从某些方面来看是有一些狭隘的。

"科技创新推动产业创新"的要求，更多地指向了通过新技术创新加强对传统产业的改造升级，我们应该从建设现代化产业体系的层面来界定发展新质生产力的产业目标。由于现代化产业体系其实是一个现代知识技术密集、创新能力强、附加值率高的产业系统，内在地蕴含了不同产业形态实现协同的要求，因此发展新质生产力的产业目标，就不能仅仅包括壮大战略性新兴产业和培育未来产业，对现有传统产业的改造升级也应该被放在极其重要的位置上。

实际上，技术扩散理论已经揭示，以大数据、物联网、人工智能等为代表的通用目的技术和使能技术，[一]不仅会加速推进新一代人工智能、未来网络与先进通信等未来产业和高端装备制造、新能源、新材料等战略性新兴产业的涌现，同时也会逐步渗透到纺织服装业、农业等传统产业部门，从根本上改变传统产业的技术基础、组织模式和商业形态。[二]

近年来，我国的产业体系和结构随着新兴产业的壮大而不断优化，但相较于新兴产业，传统产业仍然与居民需求相适应，呈规律性地在国民经济中占据主体地位，产业体系和结构现代化转型的任务仍然较重。

我国传统产业在制造业中占比超过 80%，传统产业是现代化产业体系的基底，传统产业的改造升级直接关乎现代化产业体系建设全局。[三]作为世界上最大的发展中国家，虽然这些年我国产业的竞争优势从劳动密集型产业逐步转向资本技术密集型产业，但毫无疑问的是，当前具有竞争优势产业的主体，主要还分布在各类传统产业中，如纺织服装业、建筑建材业、机械电子业、石化化工业等。

我国的产业政策如果轻视或者忽视这些产业的功能和作

[一] Fortune S, Zirngibl M, "Enabling Science and Technology," *Bell Labs Technical Journal* 3 (2009): 1-5。

[二] 谢伏瞻：《论新工业革命加速拓展与全球治理变革方向》，《经济研究》2019 年第 7 期。

[三] 新华网，《工业和信息化部部长金壮龙在"部长通道"回应工业稳增长、提升和改造传统产业、5G 发展等相关热点问题》。

用，并不符合人民的最高利益。因为，这些产业具有全球最大的市场需求，放弃它们等于放弃生产能力的支撑力量。例如，有报告估算，全球服装产业的市场价值大约在 1.7 万亿～ 2.5 万亿美元。这意味着服装产业接近全球汽车 3 万亿美元的市场价值，远远超过了芯片 6 000 亿美元的市场价值。这么大的市场我们不去占领，就等于放弃了自己的竞争优势。

此外，我国还是典型的发展中的大国经济，要推动形成优势互补高质量发展的区域经济布局，那么适当的产业发展梯度既是必要的也是必然的。因此，当前我国要发展新质生产力，虽然战略性新兴产业和未来产业也是需要加紧部署的战略任务，但首要的重点任务还应是改造现有传统产业，要加快推动传统产业智改数转网联。

值得进一步强调的是，把握新一轮科技革命和产业变革带来的历史性机遇，通过"算力"赋能，加快推进传统产业的智改数转网联，需要有现代工业化思维。传统产业的"传统"是一个跟时间有关的历史范畴，并不能简单地把传统产业贴上"落后、低技术、高消耗"的标签。

实践中落后的不是产业而是技术。不及时地用现代工业化技术进行改造，所有过去的产业都会变成落后的传统产业。相反，如果我们以现代工业化思维和技术及时地加强对传统产业的改造，在此基础上就能涌现出战略性新型产业和支柱产业。

例如，汽车产业是传统产业，但现在生产的新能源汽车的发动机，已经由石化燃料驱动变成电驱动，这就改变了汽车产业的技术范式，使它变成了战略性新兴产业。纺织服装业也是古老的产业，以前污染性很强，但随着印染技术的提高，纺织服装业早已摆脱了"污染产业"的旧帽子，而且，服装还可以跟智能可穿戴设备连接在一起，其科技含量大大增加，纺织服装业可以成为健康产业的一部分。所以产业本身并不存在什么低与高、坏与好、落后与先进的区别，关键在于用什么工业化技术改造和武装。如果我们利用先进的智能化、数字化技术去改造它，它就是具有竞争力的优势产业。

推动传统产业智改数转网联面临的两大陷阱

1. 集成陷阱

推进传统产业的智改数转网联，实际上就是促进企业的数字化、智能化转型。而判断一个企业是否已经数字化、智能化转型成功，最重要的一个标准就是其对外部环境变化的响应能力有多高。[⊖]

由于企业生产流程涉及多个部门，各部门的行为活动受自身功能的影响，容易目标冲突，从而阻碍企业对市场需求的快速响应。企业集成就是指利用各种技术和方法将这些不同的部门高效连接并持续优化，以提升企业对市场需求的快速响应能力。

例如，研发部门主要考虑缩短产品研发周期并提升产品质量的问题，生产部门主要考虑提高班组产量的问题，物流仓储

　　㊀ 安筱鹏：《解构与重组：迈向数字化转型 2.0》，施耐德电气绿色＋智能智造创新峰会，2019 年。

部门主要考虑减少库存的问题。这显然会导致企业管理信息碎片化供给。虽然各部门都是根据自身掌握的信息做出最优决策的，但这种局部最优与全局最优并不必然一致，此时就需要企业集成连接生产流程中的每一个环节，消除信息不对称。实际上，集成是智能制造的核心概念。[一]

中国工业和信息化部提出两化融合的四个阶段（基础建设、单向应用、综合集成、创新引领），强调的就是要将单向应用系统打通。然而，企业智改数转网联在投入和收益两端并非线性关系，只有在收益跨越某个超越投入的临界点后，单向应用才会迁移至集成应用。否则，智改数转网联就会陷入集成陷阱，即企业管理信息的全局优化需求与碎片化供给的矛盾，具体表现为企业在工业化和信息化融合发展的初期阶段，职能部门各自搞了许多信息系统，却鲜见信息系统间的连接与集成，最终职能部门成为一个个信息孤岛。[二]

2. 中小企业陷阱

我国中小企业具有"五六七八九"的典型特征，即中小企业贡献了50%的税收、60%以上的GDP、70%以上的技术创新、80%以上的城镇劳动就业和90%以上的企业数量。[三]量大面广的中小企业是智改数转网联的主战场，也是当前发展新质生产力的关键。

────────────

[一] 罗勇：《商业银行的数字化转型》，《中国金融》，2022年第1期。
[二] 闫浩：《江苏制造业数字化转型分析》，2022年。
[三] 杨建军：《以评促育构建优质中小企业梯度培育体系赋能国民经济高质量发展》。

中小企业进行智改数转网联，有利于从根本上优化企业研发设计、生产方式、工艺流程、组织架构以及管理模式，从而降低生产成本、提高生产效率。但是在传统产业中，特别是中小企业集中的行业，因大部分企业自身研发能力薄弱，加上行业共性技术供给缺失，许多企业实施技术改造或者依靠购买设备和引进生产能力，或者不得不寻找研究机构合作研制设备，自身需要投入大量前期费用。[○]这就很容易导致中小企业因为缺资金、缺人才、缺技术，难以启动企业的数字化、智能化转型，即使进行了相应的尝试，也会由于相关投入没有达到能产生效益的阈值，导致企业不敢再追加投入。这就是所谓智改数转网联的中小企业陷阱。

突破传统产业智改数转网联陷阱

通过对多家在政府推动下实施智改数转的企业实地调研，我们发现单个企业数字化改造的意义十分有限，因为被改造企业的上下游企业如果都没有实施数字化、智能化改造，那么它们根本无法实现与被改造企业之间的相互有效衔接，同时也更容易出现集成陷阱和中小企业陷阱。这其实是数字经济中典型的网络效应。

在存在网络效应的情况下，突破传统产业智改数转陷阱，需要加强信息网络的联接。没有整个产业链上规模化的网联活动，

○ 刘勇：《新时代传统产业转型升级：动力、路径与政策》，《学习与探索》2018年第11期。

就无法快速降低智改数转服务商的边际成本，而成本又反向制约了智改数转网联本身的推进。因此，以产业链和集群化的方式发力推进传统产业智改数转网联，是当前最为有效的实施途径。

实际上，当今世界的产业发展态势，早已突破了单个企业局部突进的孤立化发展格局，产业链和集群化的发展方式，成为产业发展的主导形式和基本趋势。产业的这种发展态势，从根本上来说是由科学技术进步的特点决定的。新的科学技术革命不是以点线的方式突破的，而是以块状、穿透式的方式取得革命性进步的，它决定和影响了几乎所有的传统产业。

例如，大数据、人工智能、物联网等新技术扩散到传统产业，将大幅提升传统产业"聪明的脑袋""坚强的心脏"和"起飞的翅膀"的功能，但这不是简单的传播和扩散，而是需要促进工业化和信息化深度融合的组织载体，这个组织载体就是产业链和集群化。它在推动传统产业智改数转网联中具有以下的优势：

- 链上大量的民营中小企业，与外资或国资背景的大型企业之间形成发达的生产技术网络，以此提高效率。
- 链主企业可以与本地高校、科研机构、产业界及其地方政府之间形成根植性的地方创新系统，为链上企业提供溢出效应。
- 链主企业可以依托公共机构提供的各种生产性服务，克服在智改数转网联过程中面临的缺乏资源、人才、技术和能力的困难。

传统产业的智改数转网联：以江苏省为例

江苏省是制造业大省，其中传统产业占有较大份额。近年来，江苏省十分注重用信息化改造传统产业，用产业链、产业集群的方式发展智能制造产业，是实行智改数转网联的先行者。2020 年，苏州市政府就已发布《关于推进制造业智能化改造和数字化转型的若干措施》；2022 年，江苏省政府发布《江苏省制造业智能化改造和数字化转型三年行动计划（2022—2024 年）》。针对上述传统产业智改数转网联中面临的"集成陷阱"和"中小企业陷阱"等问题，在实践中，江苏省逐渐形成了由产业集群、各产业链上下游企业、政府、行业协会、金融机构、大学、研究所和职业培训机构等支撑体系构建的高效协作体系，以产业链、产业集群模式发力推进传统产业智改数转网联。

通过对江苏省多家企业进行实地调研，我们总结了这些优质企业以下 6 点成功的实践做法，相信它们将对于传统产业实施智改数转网联、焕发新生机，推动存量企业发展新质生产力、实现高质量发展具有充分的启示价值。

1. 龙头企业驱动，引领促进工程

要全面发挥产业链上龙头企业的驱动作用，实施标杆引领

○ 苏州市政府印发关于推进制造业智能化改造和数字化转型的若干措施的通知。

○ 省政府办公厅关于印发江苏省制造业智能化改造和数字化转型三年行动计划（2022—2024 年）的通知。

促进工程。我们调研的国内知名工业互联网服务商新华三公司强调，产业链上的"龙头企业是智改数转网联工作的核心中枢力量"。

苏州作为外资制造业高地，拥有一批经营状况良好、有工业自动化基础、愿意持续改善的运营工厂，它们在智改数转网联中发挥了龙头示范和驱动作用。例如，苏州目前获评的 7 家"灯塔工厂"中⊖，包括联合利华、博世、纬创、强生医疗、宝洁等世界 500 强跨国公司在苏州的运营工厂，它们对产业链上其他企业有极强的示范作用。美国知名电气制造商霍尼韦尔苏州码捷工厂，以二维码扫描设备产品为核心，建立了自己的数字化研究院，十多年来面向社会开放工厂参观，实施向下游的业务拓展，帮助客户进行数字化仓储改造。

2. 完善数字基础设施，形成硬件支撑与服务集聚

要充分发挥数字基础设施效能、引进智能化改造软硬件服务商，形成关键硬件支撑和上游技术服务集聚。完善的数字基础设施是保障智改数转网联顺利进行的关键支撑。

自 2019 年 6 月工业和信息化部发放 5G 商用牌照以来，江苏省累计开通 23.3 万个 5G 基站⊖；《中国综合算力指数

⊖ 2023 年 12 月 14 日，世界经济论坛（WEF）发布了《全球灯塔网络：加速人工智能大规模应用》白皮书，公布新增"灯塔工厂"名单，截至 2023 年 12 月 14 日，全球累计有 153 家"灯塔工厂"，其中位于中国的有 62 家，江苏省有 12 家。

⊖ 《新华日报》，《江苏率先实现"村村有 5G"，让更多手机变成"新农具"》。

（2023）》显示，江苏省算力规模指数位列全国第一[⊖]。工业互联网平台是推进智改数转网联的重要战略性基础设施，江苏省实施"一集群一特色""一链一平台"工程，梯度建设工业互联网平台，形成以订单业务为导向、以数据为牵引的体系。

此外，制造业企业的改造需求差异性较大，随着头部企业智改数转网联需求的释放，必须通过市场手段和政府平台，吸引大量能提供智改数转网联解决方案的软硬件服务商。例如，全国15家主干工业互联网公司中，有13家在苏州设有办事处，大量通信、数据、场景应用设计、业务流程优化、信息安全等领域的服务商也在苏州云集，形成了具有一定规模的产业集群，为苏州智改数转网联提供了技术服务保障。

3.打造产业生态圈，提高智改数转网联一体化水平

政府部门要积极打造产业生态服务圈，提高产业链、产业集群智改数转网联一体化水平。江苏省针对不同产业链上不同规模、不同发展阶段的企业的转型需求精准施策，组织76家单位充分结合行业特色共同编制了《江苏省分行业智能化改造数字化转型实施指南》，涵盖了化工、钢铁、中药、服装等12个行业领域，95个关键环节。

苏州工业园区经济发展委员会近年来推行数字文化"1+N合作伙伴计划"，分步骤有针对性地推进园区内制造企业的智改数转网联工作，其具体表现在以下方面：

⊖《中国综合算力指数（2023年）》。

- 推动获评的智能化工厂对外开放，帮助其他有意向进行智能化改造的工厂管理人员走进标杆企业，进行经验传授和技术分享。
- 依托中国工业互联网研究院、工信部赛迪研究院、上海工业自动化仪表研究院等国家专业院所，对销售规模 1 亿元以上的制造企业开展企业智能化改造水平诊断并提供解决方案。
- 重点建设"5G + 工业互联网"服务平台，帮助有意向进行智能化改造的工厂搜索、筛选和对接服务商。

4. 生成数字化产业集群

政府要提供精准的政策性资金支持，促进生成数字化产业集群。资金投入过大也是企业"不敢转"的重要原因，对此，江苏省级财政每年安排 12 亿元专项资金，采取贷款贴息、有效投入补助等方式，支持工业企业智改数转网联，同时鼓励有条件的地方在省级财政补助的基础上，给予一定比例的配套补助，形成政策叠加效应。[⊖]

例如，南京市采取"宁创贷"等贷款贴息方式，引导企业加大智改数转网联投入；[⊜]苏州市各产业园区通过产业引导基金支持开展智改数转网联的企业在股票市场直接融资，通过企业发展服务中心提供智能制造风险贷款，为实施智能化改造的企

⊖ 省政府办公厅关于印发江苏省制造业智能化改造和数字化转型三年行动计划（2022—2024 年）的通知。

⊜ 南京市政府办公厅关于印发南京市制造业智能化改造和数字化转型实施方案（2022—2024 年）的通知。

业提供利息总费用 50% 的贴息，⊖等等。

5. 发挥行业协会的力量

要充分发挥行业协会力量，协调工业企业不断提高数字化水平。为了提高各中小企业对智改数转网联的感性认识，帮助企业更快融入产业链，江苏省各行业协会组织各类大会、论坛、沙龙、培训、游学、评选活动，促进产业内的交流。如苏州市工业互联网产业联盟基于智改数转网联需求建立"智造＋学院"，组织"政策汇""人才汇"、产业培训、产学研交流等学习活动。

6. 形成复合型人才培养模式

要形成企业为主、政府和行业协会为辅的复合型人才培养模式。企业的数字化转型，要经历从"自动化到智能化再到数字化"的过程，在这个转化过程中，既懂信息技术又横跨多领域的人才至关重要。

对于这种复合型人才的培养，高校尚不能承担相应责任，企业、政府和行业协会等主体需要协同发力、面向需求培养人才。例如，苏州智改数转网联实施企业大多建立了自己的培训体系；市政府组织在线"云课堂"，与西交利物浦大学组织了多期高管的"智能制造"和中层干部的"技术赋能"线上课程；行业协会则陆续建立起高端人才和高级技工的人才库，等等。

⊖ 苏州市政府印发关于推进制造业智能化改造和数字化转型的若干措施的通知。

新质生产力如何推进农业现代化

我国农业承载了近两亿人的就业，既是传统型产业，又是基础性产业。推进中国式现代化，农业现代化是极其关键的一环。习近平总书记强调，"强国必先强农，农强方能国强。没有农业强国就没有整个现代化强国；没有农业农村现代化，社会主义现代化就是不全面的"[一]。

当前，我国正处在发展新质生产力与推进农业现代化的历史交汇期，以大数据、物联网、人工智能技术为代表的"算力"，为农业现代化提供了新契机、注入了新动能，有利于提高我国农业生产率和比较效益。由于推动传统产业智改数转网联是当前我国发展新质生产力的重点任务，因此推进农业现代化也需要重点强调智改数转网联路径。

新质生产力赋能农业现代化

综合来看，新质生产力对于农业具有降成本、调结构、增效率、提质量、保安全的五大赋能效应。

1. 降成本效应

我国传统农业效益低、竞争力弱的直接原因就在于成本较高。这是由我国"大国小农"的典型国情农情所决定的。据第三次农业普查数据显示，我国小农户数量占到农业经营主体的

〇　习近平：《加快建设农业强国　推进农业农村现代化》，《求是》2023年第6期。

98% 以上，小农户从业人员占农业从业人员的 90%，小农户经营耕地面积占总耕地面积的 70%。[一]这种国情农情既是历史上农业经营机制的延续，也是由自然地形地貌决定的一种客观存在。

在这种情况下，简单套用国外大规模经营模式来降低农业成本的方法是行不通的。但以"算力"为代表的新质生产力，却可以将数据要素引入生产函数，对于降低农业成本作用巨大。一方面，数据要素在空间流动性、报酬递增性等方面远远强于传统的土地、劳动和资本要素，有利于降低农业生产成本。另一方面，数据"算力"能够提高信息搜索和匹配的质量，增强农产品的可追溯性等，有利于大幅降低农业生产和经营活动中的交易成本。

2. 调结构效应

传统农业的产业结构失衡也是农业生产力和比较效益低的重要原因。这种结构失衡，在产业内部表现为阶段性农产品供大于求，农产品品种、品质结构性失衡。这在很大程度上要归因于对这些重要农产品的精细加工、有效利用和产能布局等缺乏有效的监测和分析。而随着居民收入水平提高，人们对农产品品种、品质的需求层次也相应提升，但受限于传统农业技术水平，这种需求变化难以迅速传导至供给端。

与此同时，农业产业结构失衡也在产业外部表现为农业与工业、服务业的融合程度不深，这直接导致了农业产业链出现

　一　新华网，《全国 98% 以上的农业经营主体仍是小农户》。

碎片化、分割化现象，农业价值链长期难以向高端延伸。不过，这些问题将随着新质生产力的发展而得到解决。

"算力"加持下的信息对称化、决策集成化，将极大地优化农业生产和经营要素的集约程度和配置效率，也将推动农业从过去单一的生产、销售和盈利模式向着农业与工业、服务业联动协作模式转变，如农村电子商务、智慧生态农业等都是新质生产力下农业产业结构升级的典型例子。

3. 增效率效应

全要素生产率增长是农业现代化的一个重要标志。根据主流经济学理论，TFP 增长与规模经济效应有着密切关系。前面已经指出，我国传统农业的规模经济效应受到极大限制。然而，虽然在地理空间层面农业无法进行规模化经营，但在新质生产力下，虚拟的网络空间变得越来越重要，它可以突破地理空间的限制，有利于催生利用网络空间实现规模化经营的新模式新业态。

例如，不断涌现的各类电商平台、网络直播平台，大幅缩短了农业产业链上各类经营主体之间信息交换的距离，使一些偏远地区的农特产品也可以在"长尾市场"聚集而创造规模经济效应[⊖]，并且随着数据价值模块的演进，这种虚拟集聚下的规模经济效应将进一步加强。当然，前提是这些地区已部署相对完善的数字基础设施，否则，数字鸿沟的存在会消解新质生产力的这种赋能效应。

⊖　王小林：《以数字化助推农业现代化》，《劳动经济研究》2022 年第 6 期。

4. 提质量效应

在传统农业生产体系下，生产力三要素的知识化、技能化水平都十分有限，导致农产品生产、储藏、运输过程规范性较低，农产品难以达到标准化、优质化的高质量要求。

随着新质生产力不断变革，以数据为代表的新要素将在产业链的各个环节对传统农业进行数字化、智能化改造，使农产品的生产和经营过程精细化、科学化，从而提升农产品质量。

首先，在育种育苗环节，利用基因相关技术筛选优良的种子基因序列，同时利用大数据和人工智能技术在种子发芽和生长阶段提供最适宜的环境条件。例如，黑龙江省在 2022 年推广的测土配方施肥（TRPF）系统，就是利用大数据技术计算最佳的养分配比，提高农产品质量。

其次，在加工流通环节，利用新一代信息技术，加快发展网络化、智能化、精细化的现代加工新模式；而且，网络技术也有利于农业品种新品牌的广告宣传，提高品牌知名度。

最后，在售后服务环节，新质生产力将使售后管理更加智能化，赋予售后管理更强大的数据驱动能力，从而通过创新的链环 – 回路模型（chain-linked model）更好地向研发设计环节反馈。

5. 保安全效应

在宏观层面，新质生产力对保障农业安全的赋能效应体现为保障粮食安全。其本质在于促进大数据、物联网、人工智能等新技术与粮食的"产、购、储、加、销"全产业链深度融合，打通各环节的数据孤岛，提升粮食产业链供应链韧性。以中储粮为例，中储粮通过全面智改数转网联，在全国近千家直属企业累计部署了数百万个温度传感器、近 10 万个视频监控，接入了超千台地磅，建成了国内粮食行业最大的一张物联网，将 AI 与可视化技术相结合，实时掌握粮食库存量、粮食质量等粮情。[⊖]

在微观层面，新质生产力对保障农业安全的赋能效应体现为保障农产品质量安全。农产品质量安全涉及全产业链的海量数据，没有强大的"算力"作为支撑，很难得到保障。例如，运用区块链技术来建立农产品溯源系统，就可以确保相关检验结果的真实性和可信度。

以智改数转网联推进农业现代化

前面的分析表明，当前推进农业现代化也要从产业链的角度考虑，加快实施农业智改数转网联行动。结合当前我国农业所处的发展阶段和新质生产力的发展要求，以智改数转网联推进农业现代化需要加强以下四方面的基础性工作。

第一，重视农业数字人才队伍建设，培育新质态的劳动要素。

推进农业的智改数转网联，关键是要加紧补上人才缺口。我国目前的数字人才格局呈现两个明显特征：一是京津冀、长三角、粤港澳三大城市群集聚了全国约 70% 的数字人才，而

⊖ 新华网，《智慧科技赋能 守护大国粮仓》。

这些地区又是农业在国民经济中占比较低的地区；二是农业数字人才培养体系滞后于农业现代化需要，而从国外引进高水平人才的现有通道又比较狭窄。

这些就导致了我国农业数字人才供给与农业智改数转网联需求出现规模、质量和结构上的不匹配。为此，首先要优化数字人才的空间布局，部署向农业倾斜的数字人才优惠政策；其次要创新农业数字人才培养模式，在政产学研多个层面协同创建基于农业智改数转网联的学科和技能培养体系；最后要拓展全球农业数字人才引进路径，以更宽广的国际视域进行农业现代化的前瞻性布局。

第二，加强农业数字基础设施建设，避免出现数字鸿沟。

完善数字基础设施是实现农业现代化的关键支撑和重要保障。当前，要以乡村振兴战略为契机，加快乡村网络和信息服务基础设施建设，特别是一些相对偏远地区的光纤网络、4G/5G移动网络、卫星等基础信息工程，以及提供便捷化、智慧化信息服务的各类村级服务站点和设施。这是农业生产和经营过程中实现数据信息的高效采集、精准分析、实时传输、深度挖掘的基础性承载平台，有助于打通信息服务的"最后一公里"。

此外，对乡村交通、物流、水利等传统基础设施进行数字化、智能化改造而形成的融合型基础设施，也是当前推进农业智改数转网联的重要手段。比如，数字化改造的冷链物流企业，可以利用GPS定位、物联网等先进信息技术，对运输车辆实施定位跟踪以及全程温度自动监测、记录和控制等流程，从而降低货损率并有效保障农产品质量。

第三，健全农业产业链数据库及共享机制，消除生产经营主体间的信息孤岛。

农业产业链上的大多数企业都是小微企业、个体商户等传统企业，信息化程度普遍偏低。即便是一些大企业，其组织结构和业务流程也都不能适应现代化的市场快速响应要求，往往会出现各环节之间信息传递不及时，甚至信息失真的情况。

因此，需要以大数据、物联网、人工智能等新技术赋能，以农业数字基础设施为依托，围绕农业产业链的业务流程、生产进程、组织过程建立更加全面的农业数据库，形成包括农业生产、经营、管理、服务的全产业链数字化、智能化体系。同时，也要尽快明确涉农数据权属，厘清不同层面平台的衔接配合关系，使各类市场主体能够实现数据共享，彻底打破农业产业链上的数据分割壁垒。

第四，通过"三农"体制机制改革，塑造适应新质生产力的农业生产关系。

培育农业的新质生产力，除了要打造新型农民队伍、培育新质生产力的战略人才和能够熟练掌握新质生产资料的应用型人才，还要通过"三农"体制机制改革，着力打通束缚新质生产力发展的堵点卡点，让各类城市的先进优质生产要素向发展新质生产力的农业、农村顺畅流动和高效配置。这是下一阶段我国"三农"现代化的主题。

❖ 结语 ❖

当前，我国发展新质生产力，首要的重点任务是推动传统产业的智改数转网联。推进这项工作，需要注意"集成陷阱"和"中小企业陷阱"，实现改造模式的变革。江苏省的实践经验表明，构建一个由产业集群、产业链上下游企业以及政府、行业协会等支撑部门有机结合的高效协作体系，以产业链、产业集群的模式推动智改数转网联，对焕新传统产业、发展新质生产力具有决定性作用。

农业是典型的传统产业，第六讲我们提出要加强四个方面的基础工作以推进农业的智改数转网联：重视农业数字人才队伍建设，培育新质态的劳动要素；加强农业数字基础设施建设，避免出现数字鸿沟；健全农业产业链数据库及共享机制，消除生产经营主体间的信息孤岛；通过"三农"体制机制改革，塑造适应新质生产力的农业生产关系。

07

新质生产力下的现代化产业体系

导 读

从 20 世纪五六十年代开始，我国在欠发达的二元经济结构中推进实现"四个现代化"战略，一直强调要以工农业现代化为核心实现赶超战略目标。改革开放四十多年来，随着中国经济的发展，解决实体经济基础弱化、产业结构不优、产业发展失衡等问题也显得日益紧迫。党的十九大报告从要素协同的角度，首次提出要建设实体经济、科技创新、现代金融和人力资源协同发展的产业体系，在此基础上，党的二十大报告进一步提出了要建设现代化产业体系的目标。2024 年的《政府工作报告》中将"大力推进现代化产业体系建设，加快发展新质生产力"列为十大工作任务之首。

人们通常认为，构建现代化产业体系，就是以实体经济为基石，以科技创新为引领，以资金、人才等关键要素为保障，打造自主可控、安全可靠、竞争力强的现代化产业体系，实现全要素生产率和经济效益的持续提升。全面理解现代化产业体系以及相关的基础问题，是实现中国式现代化战略目标中最重要的问题之一。

第七讲我们围绕"新质生产力"与"建设现代化产业体系"这两大主题，阐述以下四个关键性问题：

- 为什么说建设现代化产业体系是构建新发展格局的基础？
- 提出从实现工农业现代化到建设现代化产业体系，具有什么样的时代背景、现实约束和政策含义？
- 现代化产业体系的目标和建设内容究竟是什么？
- 我国建设现代化产业体系的过程中将会遇到哪些挑战，如何克服这些挑战？

现代化产业体系是发展新质生产力必要的产业基础。要建设具有自主性、开放性和协调性的现代化产业体系，需要建设高标准的要素市场、推进要素资源商品协同，诚然在这一过程中，将会面临诸多挑战，第七讲我们将对新质生产力下的现代化产业体系建设中的问题——剖析并给出相应的对策。

新质生产力与建设现代化产业体系

产业体系是生产力的承载和表现，生产力形态的演化与产业体系的变迁密切相关。在当前的"算力"时代，现代化产业体系将由颠覆性技术孕育的未来产业、不断壮大的新兴产业和改造升级的传统产业构成，而这正是新质生产力要求下的产业体系。

1. 新质生产力与现代化产业体系之间的关系

概括来讲，新质生产力与现代化产业体系之间存在以下两方面的关系。

一方面，现代化产业体系是加快形成新质生产力的产业基础。

产业是生产力的载体，颠覆性技术只有进入生产过程、实现科技成果产业化、融入现代化产业体系，才能转化为现实的生产力。科技成果要想转化为新的经济增长点，也必须依托产业这一重要载体。只有实现产业体系的持续升级，才能保障社会生产力的持续健康发展。

另一方面，新质生产力的形成发展过程是对产业体系的重塑。

新质生产力"具有高科技、高效能、高质量特征"，其形成过程要求"技术革命性突破、生产要素创新性配置、产业深度转型升级"。以科技创新和颠覆性技术引领产业变革，从而实现更高质量、更有效率、更可持续发展的模式，是对产业体系重塑的过程。

实际上，无论是发展新质生产力还是建设现代化产业体系，都应以加快形成现代化产业链为共同抓手。

"链主"型企业处于现代化产业链的关键节点上，它与上游的专精特新企业构建起有效的治理结构。借助现代化产业链，政府不仅要调节好"链主"型企业在市场内的竞争垄断关系，而且要为上游的专精特新企业创新创造市场条件，以市场化手段解决产业链"卡脖子"问题。

在建设现代化产业体系的过程中，产业政策要转向产业链政策，加强产业链的系统思维，提升收购兼并政策的地位，大力鼓励具有市场和技术优势的各类企业充当"链主"，健全"链主"治理机制。

总之，在实践中，我们应更大力度培育"链主"企业，更高水平培育专精特新企业，更有效率培育中小微企业，以大中小企业融通发展、协同发展推动产业链价值链整体升级，使产业链政策成为我国推进和发展新质生产力的主要产业组织政策。

2. 并非只有新产业才是新质态的生产力

前面我们也提到，当前有一些人认为，只有代表新技术的战略性新兴产业和未来产业，才是新质态的生产力。其实，新质生产力是由技术革命性突破、生产要素创新性配置、产业深度转型升级而催生，因此，用智能化新科技加大对传统产业的改造力度、促进新兴产业壮大也属于发展新质生产力的范畴。

把握新一轮科技革命和产业变革带来的历史性机遇，通过"算力"赋能，通过运用现代化工业思维进行"智改数转网联"的优化升级，传统产业也能够向产业链、价值链的高端迈进，从而厚植形成新质生产力的产业基础，并在此基础上培育出新兴的支柱产业，使之成为新质生产力产业载体的重要组成部分。

现代化产业体系：构建新发展格局的基础

如果说，过去我们在二元经济结构中推进工农业现代化，是为了以此为核心加快实现经济赶超战略目标，在供给侧结构性改革中提出建立要素相互协同的产业体系，是为了扭转经济结构性失衡和巩固实体经济发展基础，那么，在进入高质量发展阶段提出建设现代化产业体系的实践背景，主要包含两个方面：

● 国际政治经济形势变化、中美贸易摩擦、全球产业链重组对我国产业安全造成了冲击。

● 种种原因造成国内经济循环的产业基础不够扎实牢靠，影响了高质量发展。

显然，建设现代化产业体系就是要为全面构建新发展格局奠定坚实的基础。正如习近平总书记所强调的："新发展格局以现代化产业体系为基础，经济循环畅通需要各产业有序链接、高效畅通。要继续把发展经济的着力点放在实体经济上，扎实推进新型工业化，加快建设制造强国、质量强国、网络强国、数字中国，打造具有国际竞争力的数字产业集群。"[⊖]

现代化产业体系之所以是构建新发展格局的基础，从理论上看，主要是因为现代化产业体系所体现的自主性、开放性、协调性三个现代化特征，完全符合并支撑了形成新发展格局的基本要求。

1. 自主性

现代化产业体系的自主性，是符合新发展格局内在的、高水平自立自强的最本质要求。这里，自主性指的是产业体系可以独立自主地运行，虽然产业体系在市场、技术、资源和管理等方面密切地参与国际产业分工，但是它对体系外部这些要素的依赖性比较低。在过去外循环主导国内国际双循环的发展格局下，中国的产业体系虽然也很系统完整，但它是深度嵌入国际产品内分工的，在一些方面，对一些西方国家跨国企业的依赖性较高。

⊖ 习近平总书记在二十届中共中央政治局第二次集体学习时提出。

其主要表现为中国企业嵌入发达国家主导的全球价值链，成为其跨国公司的供应商，利用西方国家的市场、技术和资源进行国际代工。虽然中国经济的生产能力在全球供应商的角色下得到了迅速提升，经济规模也越来越大，但从某种程度上讲我们还是"世界工厂"和加工制造"车间"，是超级生产能力的提供者。

为了避免在复杂的国际政治经济环境下被别人威胁和"卡脖子"，构建新发展格局就要求我们利用庞大的国内市场和科教资源促进科技创新和产业创新，更加强调独立自主和产业安全，把关键的技术、工艺、设备、材料掌握在自己手上，以摆脱或减轻对西方国家的过度依赖，或者在遇到"卡脖子"威胁时可以进行有效的反制。显然，在当今世界产业发展中，当效率与公平的平衡问题被安全与效率的平衡问题所取代时，自主性就保障了现代化产业体系的安全性，没有自主性就不可能有安全性。

2. 开放性

现代化产业体系的开放性，是确保新发展格局下商品、要素、资源自由流动、充分竞争、循环畅通无阻的最关键力量。这里，开放性指的是产业体系可以与世界交换各种能量（商品、服务、资本、人员），吸收来自本体系之外的各种力量，同时解决体系内部的各种内卷和熵增问题，使产业体系可以在保持稳定的基础上不断向前演化。

在过去外循环主导国内国际双循环的发展格局下，中国的产业体系虽然也具有较强的开放性特征，但是开放进程并不均衡、不对称。例如，出口与进口不均衡，主要是出口导向；"引进来"与"走出去"不均衡，主要是"引进来"；利用本国市场与利用外国市场不均衡，主要是利用外国市场；要素型开放与制度型开放不均衡，主要是要素型开放，等等。这些开放的不均衡和不对称现象会对产业体系运行和经济循环过程产生重要影响。

例如，为服务于出口导向战略，需要以各种优惠政策的形式创造各种出口加工区，吸引内外资企业在区内集聚起巨大的加工制造能力，创造这些生产能力的技术设备和原材料来自进口，由此形成"为出口而进口"的生产体系。在过去稳定安全的国际环境中，适应这种国际产品内分工的产业体系，当然可以取得巨大的全球化红利，但是在当今复杂的世界格局中，这种产业体系却非常容易受到来自全球价值链"链主"的伤害，如被强制"脱钩"、被"卡脖子"等。新发展格局强调以国内市场主导国内国际双循环，但是如果政策不当，这种以国内市场主导双循环的发展格局，也很容易在产业运行上变成单纯的内循环，从而丧失发挥比较优势、争取有利国际分工地位的机遇。

因此，保持现代化产业体系的开放性，就是要基于内需实施经济全球化战略，构建基于内需的、以"我"为主的全球价值链：

● **内需方面**：通过全国统一大市场鼓励商品、服务、资本、人员的自由流动和充分竞争。

- **全球价值链方面**：依托以"我"为主的、内需主导的全球价值链，吸引全球先进的生产要素，尤其是人力资本、技术资本和知识资本等生产要素，发展各种高技术产业和战略性新兴产业。

3. 协调性

现代化产业体系的协调性，是确保新发展格局下实现结构均衡和取得高质量发展的最重要的机制。这里，协调性指的是在产业体系的运行中，其内部的各个组织、结构、单元等，在时空分布、作用方向及运行速度等方面能恰当地配合，从而有效地实现产业发展的总体目标。

一个具有现代化属性的产业体系，其协调性表现在四个方面：

- **产业与要素方面**：表现为产业链、创新链、资金链、人才链的协调。
- **结构方面**：表现为一二三次产业的协调，或实体经济与虚拟经济的协调等。
- **产业联系方面**：表现为在产业链的不同节点上，投入品供应商与产出品生产者之间的有机协调。
- **空间方面**：表现为不同区域的产业链集群之间的战略部署和良性竞争。

对这些处于不同形态的产业之间关系进行有效的协调，是新发展格局下实现发展结构均衡的具体体现，也是取得高质量发展的基本保障。例如，我们只有围绕产业链部署创新链、围绕创新链布局产业链，才能真正使产业进入内生增长阶段；只有让实体经济部门获取社会平均或以上的收益率，才能引导资源进入实体经济。

此外，现代化产业体系还具有主体之间的竞争性、平等性等现代性特征，它们都是保证新发展格局下经济高质量运行的内在机制。产业的平等进入权保证了现代产业的竞争性和公平发展权，是防止产业垄断、提高运行效率的基础机制。

如何进行现代化产业体系建设

对现代化产业体系的内涵界定不同，建设现代化产业体系的背景、目标、内容和途径也会有很大的差别。过去我们在生产力低下、二元经济结构特征突出的条件下提出工农业现代化，出发点是运用政府的力量迅速改变落后的产业结构，其内涵和目标就是要建立农业基础稳固、制造业尤其是装备制造业发达、技术水平和产业规模不断赶超发达国家的产业体系。

在当时那种欠发达的经济体系中，推进产业体系现代化的主要困难是商品要素资源匮缺、市场无法有效地配置资源。为了实现快速发展，只能由政府主导选择以追赶战略为特征的产业政策，集中资源重点发展产业关联性强的战略部门，以拉动整个国民经济迅速增长。

实践证明，从产业结构转变的角度出发制定建设现代化产业体系的产业政策，可以突出某些需要重点发展的部门，但是也容易忽视其他非战略性部门，顾此失彼。需要重点指出的是，即使在工业化已经取得巨大成就的今天，单纯从产业结构的角度确定现代化产业体系的建设方向和目标，也容易出现结构失衡、配置效率低下等严重问题。

例如，前些年一些地方看到了发达国家服务业增加值已经占据了国民经济 70% 以上的事实，开始偏好"去工业化"战略，追求现代服务业占据主导地位的、具有发达国家特征的现代化产业体系，结果直接导致一些地方制造业地位不稳、实体经济不振、泡沫经济现象严重等诸多问题。

党的十九大报告提出要建设实体经济、科技创新、现代金融和人力资源协同发展的产业体系。这其实是建设高标准要素市场，推进要素、资源、商品协同，从而建设现代化产业体系的战略思路。因此，以要素协同推进现代化产业体系建设，我们认为主要是从以下三个方面来考虑的。

- **从"汗水经济"到"智慧经济"**：从经济高速度发展阶段进入经济高质量发展阶段，需要降低资源消耗占用，使粗放型经济增长方式向集约型经济增长方式转变，把"汗水经济"转变为"智慧经济"，使经济增长更多地依靠科技创新和人力资本。

- **创新链与产业链的融合**：为了破解科技创新与产业发展"两张皮"的脱节问题，需要围绕产业链部署创新链，围绕创新链布局产业链。

- **实体经济与虚拟经济的问题**：为了解决实体经济不振、虚拟经济自我膨胀等问题，这些问题在某种程度上危及了制造业的基础地位和国家安全。

总体来看，以要素协同推进现代化产业体系建设，主要有以下三个鲜明的特点。

1. 有效配置生产要素

以要素协同推进现代化产业体系建设，其最根本和核心的问题就是现代经济增长中生产要素究竟应该按照什么样的机制来进行有效配置。

我国改革开放四十多年来的实践经验一再证明，坚持市场取向的改革、让市场机制起决定性作用是根本的遵循。目前，我国商品市场体系已经基本形成并趋于完善，市场对商品的调节机制充分且有效，但是高标准要素市场的建设仍然任重道远。由于生产要素按竞争规则自由流动存在许多障碍，极大地影响了我国产业结构的转型升级和要素配置效率，未来这方面的主要任务是破除一切妨碍全国统一大市场建设的体制机制因素，为建设现代化产业体系提供机制支撑。

2. 形成创新驱动力，促进内生增长

以要素协同推进现代化产业体系建设的根本目标，就是要在高质量发展的阶段，尽快形成创新驱动力，促进以科技和人力资本为主导的内生增长。

现在我国在这方面存在的主要问题是一般性科技创新人才

供给充沛，而顶尖人才稀少，由此影响我国高精尖产业的国际竞争力，很多关键技术、设备、工业、材料和软件被发达国家"卡脖子"。根据现代经济增长理论，提升国家的教育水平、提倡自主思考和开放性思维，是解决顶尖人力资本缺乏问题的根本的、长远的战略措施。如果没有相对宽容、自由的创新环境和氛围，没有鼓励大胆自主独立思考、与众不同的教育体系作为保障，就不太容易培育出科学大家和技术巨匠。

3．明晰市场与公共问题的边界

以要素协同推进现代化产业体系建设的前提或基础，就是明晰地划分市场与公共问题的边界，并在此基础上决定好政府与企业的职能。坚持市场取向的改革，在市场发育不良的领域加大市场化改革，在市场改革过度的领域如人才培养、大学科研机构产业化等方面进行纠偏，加大政府投入的介入力度，同时，要按照市场原则大力发展各种中介机构，尤其是连接科学创新与技术创新的中介组织和市场组织，这是克服解决要素融合与协同困难的主要途径。

当前，推进现代化产业体系的经济政策可能在建设思路上忽视了一个重要的途径或方法，就是建设现代化产业体系需要的产业组织形式问题。

现代化产业组织是现代化产业体系的市场基础，其内涵从横向看，就是要实施进入（退出）自由政策，鼓励产业内企业通过充分竞争来提高效率；从纵向看，就是要推进产业链上的上下游企业关系合理化。

　　根据产业经济学的基本原理，实践中一个现代产业运行的最佳状态是在进入（退出）充分自由的前提下，一个产业内形成了若干巨大规模企业具有支配性地位，同时存在众多"专精特新"企业与之配套的多元竞争市场格局。为达到这一现代化产业体系的建设目标，政府的竞争政策就要走到前台，充分发挥其在现代化产业体系形成中的基础工具作用。具体来说，就是既要鼓励企业间竞争，又要在竞争基础上进行企业兼并和合作，实现市场充分出清以及兼并式成长。这样的市场组织既可以发挥巨大规模企业的稳定市场和竞争秩序的作用，又可以为广大的"隐形冠军"企业提供自主创新的市场或应用场景。

　　发展中国家在建设现代化产业体系的过程中，最容易在遇到不佳的外部环境时，出现强烈的自我设限、自我循环甚至自我封闭现象，如为了应对地缘政治的外部冲击，往往以产业安全为由，在发展思路上主张以建设国内价值链主导产业布局。

　　大国经济必须以国内市场主导国内国外经济循环，这是毫无疑问的，这是实现效率与安全平衡的要求。但是，它并不意味着国内市场与国际市场的封闭，也不意味着要排斥参与国际分工，而是要以大国经济中国内市场的优势和力量去打通国内国际双循环。单纯以国内市场布局产业链和价值链，国内产业会因此与外部市场隔绝，既感受不到全球竞争的压力，也吸收不到国际生产者的技术和管理效益溢出，长此以往国家就会处于后进的状态。

　　因此，在遭遇外部恶劣的发展环境时，有效的办法不是闭关自守、自我封闭，而是要实施独立的自我开放战略，让自己

的规则、政策和制度更多地接轨和靠拢全球先进体系，这样才
能瓦解某些不友好联盟，争取自己的战略主动。

为了实现与国家现代化的总体目标及步骤的有效衔接，当
前建设现代化产业体系还需要以战略性时间眼界形成动态化的
产业发展层次，在宏观层面谋划好支柱产业、主导产业、未来
产业之间的递进性、接续性以及竞争力，在实践中，以下三点
需要我们重点关注。

- **支柱产业方面**：对于具有"现金牛"功能的支柱产业，
  如当前占据制造业主要比例的机械、电子、石化等支
  柱产业，要通过技术进步和提升生产率，加快推动转型
  升级，千方百计地降低成本、延续生命周期、提高竞
  争力。

- **主导产业方面**：对于那些目前虽然没有占据经济的主要
  份额，但已经显示出具有强大的产业关联效应和发展带
  动作用的主导产业，如信息科技产业、人工智能产业、
  生物技术产业、新能源产业、新材料产业、高端装备产
  业、绿色环保产业等，应该通过市场化的投融资机制，
  让社会资源、要素等最大限度地流入，争取使其早日成
  为支柱产业。

- **未来产业方面**：对虽然现实中还没有出现，但是随着技
  术进步的加快很快会到来的未来产业，要在基础研究上
  及早谋划，为技术创新做好准备。应该看到，随着城镇
  化、信息化、消费升级、内循环、碳中和及老龄化等宏

观需求端的驱动趋势越来越明显，各种供给端的具有"发动机"性质的未来产业也日益显现，生命科技、网络信息、人工智能等领域必将涌现更多前途光明的未来产业。

当前，我国建设现代化产业体系的重点是要顺应产业发展大势，推动短板产业补链、优势产业延链、传统产业升链、新兴产业建链。在空间上，要优化产业的生产力布局，推动产业在国内外的有序转移，形成国内产业链、价值链主导全球价值链的循环格局。在开放发展上，要坚决支持企业深度参与全球产业的垂直分工和横向合作，促进国内外产业深度融合，打造自主可控、安全可靠、竞争力强的现代化产业体系。

建设现代化产业体系面临的挑战与对策

现代化产业体系是高质量发展的重要基础，决定现代化产业体系的主要因素是科技创新、资金投入、人力资本以及融合于内部的体制机制。结合现实考察，我们不难发现阻碍现代化产业体系建设的因素，除了复杂的地缘政治、中美贸易摩擦等外部因素，从国内看还体现在以下四个方面。

1. 科技创新与产业发展脱钩

当前中国科技创新追赶速度很快，与世界先进国家的差距不断缩小，但也呈现出矛盾和不协调的特点：中国科技投入、论文数量、专利数量等排名不断靠前，而产业部门发展却在某些方面依赖西方国家的技术供给。

这表明有些科技创新部门脱离产业部门自成体系，陷入自我循环、自我膨胀的误区，一些产业部门对技术的需求不能引起科技创新部门的注意，科技创新成果并没有完全满足产业部门提升生产率水平的要求。把科技创新与产业部门很好地连接在一起应该是一个世界性难题。科技创新部门的市场化和产业化并不是解决这个问题的"灵丹妙药"，因为并不是所有的科研活动尤其是基础科研活动都可以市场化。

从国际经验尤其是美国的经验来看，融合产业链与创新链，需要注意三个方面的问题：一是要分析"科技创新"这个模糊的概念。"科技创新"包括两种活动——科学创新与技术创新，第二讲中我们介绍了这两种活动的区别，这里不再赘述。

二是要在界定不同的创新活动的基础上，界定好政府与企业的职能。科学创新活动应该由政府财政支出和社会资金承担，科学家创造知识的劳动绝对不能市场化；技术创新活动需要以企业家为主体，必须坚决市场化。

三是要建立科技成果市场化的平台、中介和桥梁机制，一方面为产业界提供研究成果的供给信息，另一方面为科研部门提供来自实践需要的信息。同时，通过平台的交易撮合功能，顺利地把科研部门创造的知识变成财富。

2. 实体产业部门缺乏吸引力，优秀人才不愿意做实业

实体经济要振兴，就要增加实体经济对人才的吸引力。当前，新一代劳动者不愿意去实体经济部门就业。如果我们的年轻人都不愿意去实体经济部门就业，那么实体经济就不会有未来。

实体经济缺乏吸引力的根本原因是劳动者收入和福利待遇低。因此，要化解实体经济与虚拟经济的冲突，最核心的办法就是以提高劳动者收入为中心来协调产业链与人才链的关系，主要做到以下两点：

- 提高劳动者收入占 GDP 的比例，有利于扩大内需，壮大国内市场，并为形成新发展格局奠定物质基础。国内市场主导国际市场的新发展格局的形成主要取决于全国统一大市场的建设进程。
- 让产业工人过上体面的生活，要吸引青年劳动者学技术，继承和发扬我国优秀的大国工匠精神，巩固和稳定实体经济的基础。

3. 科技创新缺乏长期资本来源

现实经济生活中一些企业创新能力弱主要是因为缺少长期发展战略或策略。一些企业缺少长期发展理念，短期主义思想观念比较突出。一些企业内部缺少代表长期发展的力量，短期变现思想经常占据上风。在科技创新方面，表现为缺乏可执行的长期规划，尤其缺少长期资金对企业科技创新的坚定支持，导致资金使用上出现期限错配。

例如，要求短期的商业化资金支持长期的科学创新活动，或把长期的财政资金拿去支持可以市场化的技术创新活动，最终要么可能使商业信贷资金面临极大的市场风险，要么使政府对企业科技创新支持不力。不同层次的技术创新需要的时间因其性质而异，面临的风险也各不相同，因此，需要针对不同时间的科学技术创新匹配不同的资金。

科学创新活动的公共知识的外溢性，决定了它只适合于使用政府的公共财政资金支持，或者使用基于社会责任而捐献的公共基金，而不适合于营利性的金融资金进入。对于技术和产业类的创新活动，在它们处于初期或种子期的时候，最适合的是让具有长期抗风险能力的资本市场的风险资金进入，而不适合于银行信贷资金进入；但是对于处于成熟期或生产能力扩张阶段的产业和技术创新活动，则完全可以交给银行信贷资金。这个制度安排直接关系到技术创新的效率。

处于基础研究与商业化应用之间的工程化研究问题，因处于知识转化为财富的关键环节，需要资金、技术、设备、基础设施等多方面的支持，难度大、风险高。所以，从战略上看，攻克高技术制造大门的工程化研究的薄弱环节，需要由政府主导或者吸纳风险投资基金参与，要使这种市场化运作的、承担风险程度和能力最高的风险投资基金成为促进我国产业技术进步的重要力量。

4. 科技创新中顶尖人才稀缺

国家科技实力主要来源于具有顶尖科技和一流国际竞争力的产业，例如，芯片、人工智能的研发制造水平就成为当前衡量一个国家科技和产业发展水平的重要依据。国家科技实力的增强需要顶尖人才的努力。由于高中教育和高等教育的发展，中国当前享受巨大的工程师红利，但是，中国目前短缺的是处于宝塔尖上的顶尖的科技和产业创新人才，"卡脖子"技术领域的人才则更是凤毛麟角。

由于今后国际竞争越来越取决于极少数关键的高精尖技术和产业，因此顶尖技术人才的供给直接决定一国的国际竞争力。有鉴于此，要提高创新链与人才链的融合水平，关键就是要完善教育体制和教育方式，为顶尖人才的成长提供宽容的环境和空间。

总结来看，理解现代化产业体系的重点在于明晰"现代化"与"体系"两个范畴的特有含义：

- **现代化**："现代化"的主要含义是从传统向现代转变的历史过程，这一过程将产生很多的现代特征，例如，产业体系的自主性、安全性、开放性、协调性、竞争性、平等性，等等。这些基本特征使现代化产业体系成为内循环主导双循环的新发展格局的基础和支撑。
- **体系**："体系"强调了现代化产业的系统性、完整性和自我循环性，表明它在遇到外部环境冲击时，具有可以独立自主地、不依赖于外部要素而进行正常循环的特征。

中国的产业能够自成体系而不完全依赖于国际分工，其根本原因在于人口基数庞大和与之相匹配的日益增长的人均收入水平，这种巨大的市场需求规模决定了中国的产业能够具备规模经济效应，或者特殊情况下，即使达不到最小最佳规模条件的企业也能生存下来，因而决定了国内各产业链之间可以相互耦合，共同服务于庞大规模人口各方面的市场需求。

在国际政治经济等竞争中，这是大国经济的比较优势，甚至是绝对的优势。但这也是一把"双刃剑"，大国经济的劣势也是显而易见的，就是它通常容易陷入自我循环。因缺乏来自国际竞争的压力，某些大规模企业最终会成为低效率的垄断者，这不仅有损于以成本为主导的竞争，也使企业难以受益于因参与全球产品分工带来的技术和管理技能的溢出效应。

对发展中大国经济来说，建设现代化产业体系就是要形成农业基础牢靠、工业技术和装备制造业发达、服务业知识技术人力资本密度大的现代化产业。在现代化产业体系发展的早期，其内在含义是要运用产业结构政策，突出重点产业，并给予非均衡性支持，其具体体现在要素协同、产业组织和时间维度三个方面。

- **要素协同方面**：从要素协同的角度看，推进现代化产业体系建设就是实现产业链、创新链、资金链和人才链之间的无缝对接和有机融合。建设现代化产业体系的政策含义是建设高标准的要素市场体系，鼓励商品、服务、资本、人员自由流动和充分竞争，实现以技术人员知识为主体的内生增长。
- **产业组织方面**：从产业组织的角度看，推进现代化产业体系建设就是要让新竞争者可以动态地进入（退出）产业，形成上游供应商（专精特新企业，或"隐形冠军"企业）与下游具有竞争实力的大企业集团合作共赢的现代化产业链，这种产业链可以为上游"隐形冠军"形态的专精特新企业提供创新的商业化场景。

● **时间维度方面：** 从时间眼界的角度看，推进现代化产业体系建设就是要形成动态化的产业发展层次，谋划好支柱产业、主导产业、未来产业之间的递进性、接续性和竞争力。对当前的产业政策来说，就是要推动短板产业补链、优势产业延链、传统产业升链和新兴产业建链。

当前，我国的现代化产业体系建设面临复杂的国内外形势和许多挑战。除了以美国为代表的西方国家的技术和产业"卡脖子"等外部因素，从国内看，挑战主要在科技创新脱离实体经济、实体经济基础不牢、企业创新缺乏长期资本来源、顶尖人才稀缺等几个方面。解决国内产业发展中的这些问题，关键是要在政府与市场职能界定清晰的基础上，加快高标准要素市场体系建设，鼓励要素资源按照规则自由流动，充分竞争，提高要素资源配置效率。

◎ **结语** ◎

　　发展新质生产力与建设现代化产业体系相辅相成，现代化产业体系是加快形成新质生产力的产业基础，新质生产力的形成发展过程是对产业体系的重塑。当前，我们要以要素协同来推进现代化产业体系建设，即要有效配置生产要素，形成创新驱动力从而促进内生增长，明晰市场与公共问题的边界。

　　不可否认，我国建设现代化产业体系还面临着复杂的国际形势和科技创新、人力资本、资金投入、体制机制等多方面的挑战，对此，我们需要进一步加快高标准要素市场建设、提高要素的配置效率，从而加快完成"大力推进现代化产业体系建设，加快发展新质生产力"的工作任务。

08

建设现代化产业体系的
模式与产业链

导　读

　　中国过去以嵌入全球产品内分工为主要特征的经济全球化进程，受到了由美国主导的西方国家重组全球产业链行动与趋势的冲击，这对我国产业链安全性和韧性提出了严峻的挑战。作为对外部环境变化的战略响应，党中央提出要建设具有完整性、先进性、安全性的现代化产业体系，以作为形成新发展格局和承载中国式现代化的物质基础。

　　建设现代化产业体系，首先要解决的问题是如何界定现代化产业体系的内涵、目标和特征，然后再基于此提出与其对应的推进政策体系。

第八讲将围绕"建设现代化产业体系的模式",从企业的现实实践与产业链运行的逻辑等角度出发,解答现代化产业体系建设中需要关注的三个核心问题:

- 当今世界主要国家是如何通过系统制定产业链政策来推进其产业体系建设的?
- 为什么说建设现代化产业体系,其主体内容就是要建设现代化产业链体系?
- 什么样的产业链最利于现代化产业体系建设,最利于加快形成新质生产力?

建设现代化产业体系,需要我们在这一既定目标之下,提出相应的建设路径与政策措施。一直以来,我国都以产业政策为中心制定产业规划,促进产业发展;不同的是,世界主要先行的工业化国家则主要以竞争政策为政策主线推进现代化产业体系建设。如今,这两条推进现代化产业体系建设、维护与巩固的政策路径,正在实践中不约而同地走向相互模仿与融合。第八讲我们将结合我国产业发展的实际,提出建设"产业链政策"体系,以此来阐释这两种基本模式融合的新方向。

两种基本模式："技术进步、结构升级"与 "适度竞争、组织优化"

在人类历史上，每一次工业革命都出现了与其相对应的主导产业以及产业体系。前面我们讲述了"人力→马力→电力→网力→算力"的演化过程。每一次重大的技术变革，产业体系和结构的演化都呈现出技术、知识和人力资本不断密集化的特点，体现为产业结构不断"软化"的趋势。

1. "技术进步、结构升级"模式

现代化产业体系是一个由当时的技术革命决定的、由各种传统产业、主导产业和未来产业构成的产业结构系统。因此，如果市场机制不够完善，那么建设现代化产业体系就需要用政府的力量去推进资源在传统产业、主导产业和未来产业之间的有效配置，尤其是通过把资源向主导产业和未来产业倾斜，以此实现结构升级与快速增长的目的。因此，"技术进步、结构升级"模式一直受到过去处于追赶型发展阶段的我国的青睐，

它是我国制定产业规划、实施产业支持与扶植政策的基本依据。具体来看，在"技术进步、结构升级"模式下，推进现代化产业体系建设的政策模式与路径，就是通过实施有效的产业政策，加快推进技术进步和产业升级。

2. "适度竞争、组织优化"模式

与对"技术进步、结构升级"模式的基本认识和其政策实践不同的是，当今世界发达国家在推进现代化产业体系建设时，普遍采用的是"适度竞争、组织优化"模式，这种模式把能够实现高效规范、公平竞争、充分开放的市场竞争结构，看成是现代化产业体系建设的主体内容。

这种以市场竞争为取向的现代化产业体系，偏重于关注推动产业结构演化的内生动力机制的来源与形成问题，更多的是依靠市场竞争的自我动力，而不是主要运用政府的产业政策去建设和维护现代化产业体系。

然而，无论是在"技术进步、结构升级"模式下以产业政策为中心推进现代化产业体系建设，还是在"适度竞争、组织优化"模式下以产业组织政策为中心推进现代化产业体系建设，在当代复杂的国内外环境中，都存在一些不足之处，它们都难以满足国际竞争和国内经济变化的要求。在具体实践中，这两种模式不约而同地选择了相互模仿、互相融合、逐步靠拢，体现出"趋同"趋势。

近十几年来美国主导的西方国家推进现代化产业体系建设的重点，正从侧重于"产业组织优化"的语境，逐步转向高度

关注"产业结构升级"的语境，高度重视利用产业政策支持和扶植与技术进步、主导产业变迁、未来产业部署相适应的现代化产业体系，这主要体现在以下三个方面。

- **价值理念**：在政策的价值理念上，西方国家把"降风险"的安全性问题的排序，提高到了所有政策体系中前所未有的高度，从偏向自由放任的传统，转向政府干预的现实，用较大力度的、系统性的产业政策构筑与"友岸国家"之间的内循环的"小院高墙"。
- **具体指向**：在政策的具体指向上，仅 2021 年和 2022 年两年间，美国就出台了一系列涉及芯片、人工智能、新能源电池、生物医药等领域的多项法案，拉拢盟友建立排他性技术链，对中国实施跨国投资限制、技术断供、人才交流阻断等措施。
- **工具选择**：在政策工具选择上，美国从过去常用的研发补贴等少数隐形工具，转向研发、投资、生产、需求全产业链闭环补贴和支持，如美国制定的《2024 财年国防授权法案》，明确提出要盯紧中国的人工智能技术、新一代能源技术以及生物技术，使政府有以安全的名义，跨部门联合推动产业与技术增长、对抗的能力。

2023 年中央工作经济会议强调"以科技创新引领现代化产业体系建设"，特别是强调以颠覆性技术和前沿技术催生新产业、新模式、新动能，发展新质生产力，把技术和产业创新政策提高到前所未有的政策的最高级位置。同时在加快建设全国统一大市场、畅通经济国内外大循环的要求下，竞争政策逐步成为基础性诉求，建设现代产业组织也成为经济政策追求的重要目标。

从 2015 年《中共中央　国务院关于推进价格机制改革的若干意见》首次提出"逐步确立竞争政策的基础性地位"开始，十九届四中全会提出进一步深化关于"竞争政策的基础性地位"的认识；2020 年《中共中央　国务院关于新时代加快完善社会主义市场经济体制的意见》又强调了"强化竞争政策基础地位"；2021 年《中华人民共和国国民经济和社会发展第十四个五年规划和 2035 年远景目标纲要》再次重申了这一表述。这说明国家已经充分认识到了，如果没有建立起竞争性市场结构，"以科技创新引领现代化产业体系建设"就缺少来自微观基础的经济动力，这一战略目标也通常很难实现。

一个具体国家的政府对产业政策或者竞争政策的选择性偏好，除了与其历史、文化等传统以及经济政治体制等因素直接相关，也与其所处的经济社会发展阶段有直接的关系。

在当今中国高质量发展的新时代，美欧等西方国家对中国的发展产生了巨大的焦虑，感受到了前所未有的危机感，美国已开始全面实施针对中国的选择性产业政策。

对于中国来说，错过了前两次工业革命机遇，在第三次由信息技术推动的工业革命中搭上了末班车，与先行工业化国家的发展水平还有一些距离，我们只有把有限资源集中在特定技术领域与产业上，才可能获得一定的突破。我们可以借鉴发达国家工业化阶段的发展规律，选择"有迹可循"的技术路线与产业赛道发展。这是成本最小、风险最低、发展最快的模式。

在新一轮的以智能化技术为特征的第四次科技革命中，加快发展新质生产力的要求将可能使中国处于世界发展的前沿，中国与世界的分工，也将主要由垂直分工转向垂直分工与水平分工并存。

目前我国很多技术和产业与发达国家处于同一起跑线，形成并跑与竞争态势，甚至在部分领域还具备一定的领先优势。这时，我国技术与产业的发展路径便要自我探索。为了降低发展成本，我们需要充分地信任市场，将选择权交给市场，依靠竞争政策来推动技术创新，提升产业体系的现代化水平。

"韧性与安全"的新模式：以产业链为中心

当今世界主要国家经济政策的指向发生了重大变化，从过去关注通过形成竞争性市场结构增强社会福利的目标，或利用产业结构变化促进快速增长的目标，共同转向了强化产业链，尤其是加强产业链的"韧性与安全"的目标。世界主要国家把实施产业链政策放到了推进现代化产业体系建设的中心地位，其主要原因有以下三个。

1. 协调竞争政策与产业政策之间的矛盾

转向加强产业链"韧性与安全"的目标，实施以产业链为中心的综合性经济政策，可以协调竞争政策与产业政策之间的内在矛盾和冲突，使二者功能互补、目标一致。

目前，高技术产业的快速发展使得在"组织优化"语境下构建的竞争政策，与在"结构升级"语境下构建的产业政策之间的内在冲突与矛盾减少了，实践中我们可以运用产业链现代化的目标指向，把它们的功能综合起来进行更有效的调节。

例如，用产业政策去扶持某条产业链上某个潜在或在位的相对弱小的竞争者，可以形成与垄断势力强大的在位者之间的对抗效应。过去那种以强制拆分、巨额罚款等为代表性手段的反垄断政策，虽然对产业链上的垄断行为具有强大的威慑、抑制作用，但是往往容易伤害产业链上具有国际竞争力的企业。

目前国内一些具有全球竞争力的网络型平台企业，以大数据、物联网、人工智能等新一代信息技术的发展和渗透为依托，正在摧毁旧的产业体系中的各种市场壁垒，推动形成以新技术为主导的市场结构，对建设全国统一大市场具有革命性意义。一方面，要看到并预防这些平台网络对市场的垄断和不正当竞争行为，运用新的竞争政策加强对其的规制管理；另一方面，也要运用产业政策支持更多的网络型平台企业进入，通过平台企业之间的充分竞争，发挥其在打破现有的市场分割等方面的积极作用。

以高科技产业领域中的高通反垄断案为例。许多国家认为，高通在通信专利授权、手机芯片销售等方面滥用了市场地位，损害了智能手机厂商和消费者的利益。美国"断供"中兴、华为等公司芯片，再一次凸显了这个公司的垄断问题。美国、欧盟和中国都在不同时点，分别对高通发起过多次反垄断调查和诉讼，罚款和各种补救措施都尝试过，但是问题却没有得到根本解决，高通依然经常滥用其垄断地位，侵害下游厂商和消费者的利益。

这时，如果我们从提高产业链竞争度的视角出发，不是消极地运用竞争政策去惩罚，而是运用鼓励其他芯片企业发展的产业政策去培育潜在进入者，那么政策综合运用的实际效果可能会好很多。产业政策如果变成了促进竞争的竞争政策，那么将有利于遏制诸如高通这类垄断者滥用垄断地位的行为，保持芯片行业的可竞争性。

2. 融入第四次工业革命浪潮，促进全球科技进步

转向强化产业链"韧性与安全"的新模式，实施以产业链为中心的综合性经济政策，有利于适应智能化技术主导的第四次工业革命浪潮，制定更加科学合理的反垄断标准，促进全球科技进步。

传统的反垄断标准无非主要是两个：一是产品原则，二是地域原则。

在 21 世纪初的高技术迅猛发展态势下，这两个原则已经让位，现在发达国家普遍采用有无潜在进入者的原则。自微软反垄断案判决之后，有无潜在进入者的原则已经成为动态反垄断标准的主要原则。⊖其实，这个原则代表的是更高技术水平的潜在进入者与现有的主导厂商之间的竞争，反映的是水平或横向的产业链竞争，它可以在跨越国家边界的条件下突破本国

⊖ Christopher Pleatsikas, David Teece, "The analysis of market definition and market power in the context of rapid innovation," *International Journal of Industrial Organization*, 19 (2001): 665-693.

市场限制，这既考虑了全球市场中的潜在进入者和替代品的动态竞争标准，也涵盖了各国上下游企业之间的纵向关系，还考虑了一个巨型的纵向一体化企业在相关市场的垄断状态。

近年来，依据产业链原则进行反垄断的知名案例不断增加，不仅在高技术领域，在成熟产业中也有类似的案例。

我们以汽车零部件行业的著名反垄断案例来做具体说明。产业链上游的日本汽车零部件厂商合谋提高价格，而产业链下游的日系整车厂商丰田、本田等又不主动告发，导致这种合谋行为持续了数十年未被发现。作为直接"受害者"的日系整车厂商，为什么从来不去反制并告发？而且当这种合谋行为被 FBI 侦破之后，它们为什么好像什么都没有发生过一样，照旧和上游厂商做生意呢？深入产业链内部，我们就可以发现，原来下游公司持有大量上游公司的股份，表面上看这些公司是上下游关系，但实际上它们更像纵向一体化的公司，通过上游提高价格而获益，因为隔着下游，最终消费者不容易发现。下游表面上受损，但上下游产业链的整体利润最大化了，通过持股方式，下游也分享了这种合谋带来的垄断利润。[⊖]

3. 应对逆全球化背景下生产、贸易环境的变化

转向强化产业链"韧性与安全"的新模式，实施以产业链为中心的综合性经济政策，有助于在逆全球化的背景下应对生产、贸易环境的变化，建设具有完整性、安全性的现代化产业

⊖ Dingwei Gu, Zhiyong Yao, Wen Zhou, and Rangrang Bai, "When is upstream collusion profitable?" *The RAND Journal of Economics*, 50 (2019): 326-341.

体系，实现国家利益最大化的战略目标。

第二次世界大战之后，经济全球化发展使全球贸易经历了从产业间贸易到产业内贸易，再到产品内贸易的发展历程。[⊖]在产业间贸易发展阶段，全球化分工处于较低水平，贸易的对象绝大多数是最终品，除了贸易环节，整条产业链基本上都是在国内布局、运作和循环的，不需要借助于国际分工来实现自己的利益。

对发达国家来说，在这个阶段实现国内市场的可竞争性，从而提高生产与配置效率更为重要；对发展中国家来说，这时最关注的是如何利用产业政策加速追赶。

随着运输技术革命展开、全球关税降低，全球交易成本降低，跨国企业纷纷把本国缺乏比较优势的产业链环节，通过外包形式让渡给发展中国家。这样，全球产品内分工以及由此导致的中间品贸易，就开始逐步成为贸易的主导形式，一种产品的生产至少需要跨越两次国家边界：从国外进口中间投入品、在本国完成某个环节的生产、产出品再出口到世界其他国家。

毫无疑问，在这个阶段参与产品内分工的国家，其产业链环节都是充分暴露在外的。不过，在世界处于和平发展的时期，产业链政策更多地重视的是产业链的全球竞争效率，产业链韧性与安全的政策问题并不突出。

随着新冠疫情、地缘政治等风险的发生，暴露在外的产业

　　⊖　卢锋：《产品内分工》，《经济学》（季刊）2004 年第 4 期。

链的韧性与安全问题凸显，产业发展的同时要兼顾效率与安全的平衡，在某些情况下甚至可能需要采取"安全第一"的产业链政策。

当今美国主导的西方国家的外包策略，已经从全球外包转换为"在岸外包""近岸外包"和"友岸外包"三种形式。这种策略转换并不是为了全力维护产业链、供应链的全球公共品属性，而是把其不断地政治化、武器化，利用科技实力和超大规模国内市场的优势，实施主要针对中国的严厉的产业链钳制政策。它们主要在供给端和需求端双向发力：

- **供给端**：通过科技和相关投资限制，遏制我国产业链升级、对关键设备和零部件断供、把中国企业列入各类实体清单、限制对华高科技领域投资、中断科技交流，等等。
- **需求端**：利用美国超大规模市场的吸引力，裹挟中国企业进行产业链转移，由此虚化和空洞化中国国内经济。

例如，美国利用"友岸外包"等手段，支持墨西哥、印度、东盟、东欧等国家和地区取代中国，一方面增加中国输美商品成本，减少在华生产企业订单；另一方面将订单转移到上述所谓"友好国家"，引诱中国企业进行产业链的国际转移。

再如，美国进一步制定苛刻的产地原则，避免中国产品绕道第三国进入美国，要求出口美国的产出中，大部分中间投入品必须是由出口国本地化产业链提供的，否则出口商品将面临加倍关税的惩罚。还出台一系列鼓励政策，推动全球布局的产业链向区域和国内收缩，以维护其产业链安全。美国不但对新能源汽车、动力电池、芯片、医药等新兴战略性产业实施高额补贴，甚至动用政治手段，直接把台积电等关键企业的高端产能拉回美国国内。[一]

可见，与供给侧科技战的激烈凶狠相比，需求侧的手段表面上更柔和，但是带来的后果可能更加严重，可能会"温水煮青蛙"似地掏空我国产业链基础。

目前我国在逆全球化趋势的冲击下，产业链暴露出了一些问题，如产业链整体创新能力偏弱，关键技术、资源和元器件等被"卡脖子"，自主性、可控性和韧性不够；"链主"型企业还不够强大，产业链上游缺少实力和技术过硬的专精特新企业，产业链上下游创新欠缺协同性；从构建国际大循环的角度来看，迫切需要提升我国产业链的安全性；等等。为此，党的十九届五中全会提出，加快发展现代产业体系，推进产业基础高级化、产业链现代化。当前，我国竞争政策的重点不断偏向强化产业链、塑造具有韧性和安全性的产业链；产业政策则不断支持和扶植产业链上的"链主"型企业、专精特新企业，以及战略性新兴产业融合性产业集群的建设，提升产业竞争能力。[二]

[一] 刘志彪：《中美全球价值链的重组：从生产消费再平衡到产业转移》，《江苏社会科学》2023 年第 6 期。

[二] 盛朝迅：《从产业政策到产业链政策："链时代"产业发展的战略选择》，《改革》2022 年第 2 期。

政策驱动：算力时代产业链的立体化、系统性、集成式

产业链政策并不像竞争政策、产业政策等那样是由独立的政策构成的，它是由这些政策基于产业链现代化目标而合成的综合性经济政策。产业链政策具有以下四个特点：

- 产业链政策本身没有独立行使的政策手段与工具，它依靠于其他各种政策的有效精准搭配。
- 政策的参与主体呈多元性，除了政府机构作为最重要的主体外，还会有行业协会商会、企业与研究机构。
- 政策目标会根据实践需要而灵活变动，过去是追求效率，当下最重要的是保证韧性与安全。
- 政策作用于"链"上，作用于相关企业的互动与协调，而非"点"上的最终产品。

推进现代化产业体系建设的产业链政策，是针对产业链上的"点"，"点"连成的"线"，"线"外移连成的"面"，以及"面"的二维扩张所形成的"体"这四个方面构成的完整的、功能强大的政策结构系统。[一]以产业链政策为中心推进现代化产业体系建设，就是要建立和完善这种立体化、系统性、集成式的产业链政策体系。

[一] 有关产业链的"点线面"的表述，参考自赵芸芸、林佳欣等，《产业链政策：国际趋势与我国策略》，电子工业出版社，2023 年。

1. 从"点"上集中突破瓶颈

制定产业链节点政策，从"点"上集中突破建设现代化产业体系的瓶颈。过去的赶超战略走的是模仿学习的低成本道路，容易造成"五基"领域（基础零部件、材料、工艺、设备、软件）发展的落后。在当前地缘政治冲突背景下，它们都是会出现"卡脖子"问题的领域。因此产业链节点突破政策的目标，就是强调产业链"点"上的技术创新，推进补短板、锻长板、强基点战略，强化制造业重点产业链高质量发展，提升产业链安全性、韧性和竞争力。⊖

（1）全力补短板。

如果资源是自由流动的，价格信号会诱导资源向着非均衡的产业链短板流动，从而减弱"短板效应"的作用，也就不可能长期出现产业链短板现象。实践中出现产业链"卡脖子、短板"现象的，主要是那些处于上游的中间投入品行业。

截至 2023 年末，我国主要有 35 项"卡脖子"技术，大都来自上游细分行业，大到精密机床、半导体加工设备、飞机发动机，小到液晶显示用的间隔物微球、微电子连接用的导电金球、分析检测用的色谱柱填料。"卡脖子"的主要原因是某些国家出于政治考虑而人为断供，意图"抽走中国产业升级的梯子"，延缓中国技术进步和发展速度。另外就是国内地区分割、市场保护的障碍，导致资源流动不畅、"堵点"众多，这种情况可以通过建设全国统一大市场来逐步改善。现在强调产业链

⊖ 参考习近平：《国家中长期经济社会发展战略若干重大问题》，《求是》2020 年第 21 期。

"补短板"，其实更多是为了强调在复杂国际形势下维护国家安全与经济安全。

（2）着力锻长板。

锻长板就是发挥比较优势，专注于自己的专长并把它发挥到极致水平，从而形成竞争者难以模仿与替代的竞争优势。在产业链上，长板是由长期的经验、技术、管理、知识等积累而形成的。目前相比于发达国家，我国的产业链长板有一些优势但不明显。

过去说我国产业链的长板在稀土、光伏、电池、5G、电动车等领域，现在看来，有些技术或供给优势还需要进一步强化。通过技术突破式创新，锻造一批具有自主知识产权的"杀手锏"技术，提升产业质量，虽然可以形成对产业链"断供"行为的可信威慑能力，但作为发展中国家，我们的发展历史并不长、经验积累不足，在这方面的绝对优势还需要长期培育。现在可以对国际上某些国家把具有公共产品性质的国际产业链武器化、政治化的行为进行有效反制的，主要应该还是中国对超大规模市场的利用。

（3）聚焦强基点。

基点即产业链竞争力的基础。基础不牢，产业链地动山摇。这些年的中美贸易摩擦、科技冲突一再教育我们的事实是：一个大国的工业化不可能自动迈过产业基础的薄弱环节，市场换不来、金钱买不到重大装备、零部件、材料、软件、工艺等方面的重大技术突破。

我们只有紧紧抓住以智能化技术为主要特征的第四次新技

术革命浪潮，深入实施产业基础再造工程和攻关工程，加快提升装备、软件、工艺、材料等基础能力，才能全面提升产业链现代化水平。在这方面，由于强大的基础都需要长期持续不断地投入，因此关键是要树立长期主义的发展理念具备长期主义的时间眼界，创新长期的发展制度，鼓励长期的行为，建立长期的投入机制，尤其是吸引长期的耐心资本。

对于补短板和破解"卡脖子"问题，要在产业链节点上重点实施"一链一策"，利用新型举国体制的优势，在鼓励市场竞争的基础上运用产业政策，以设计良好的产业政策创造强大的竞争效应，或把竞争政策作为最好的产业政策来利用。我们可以在技术创新节点突破的目标导向下，综合地利用竞争政策和产业政策的内在功能，有效地推进国家现代化产业体系建设。

在上下游纵向产业链的竞争中，如果发现上（下）游企业具有垄断性支配地位或市场势力，可以运用产业政策去培育和扶持下（上）游企业，让其迅速成为具有一定市场控制力的市场组织，由此对上（下）游具有市场势力的企业产生势均力敌的"对冲效应"。

在横向产业链的竞争中，也可以使产业政策产生竞争政策的功能，从而通过竞争帮助破解"卡脖子"的技术难题。如果某个高技术企业形成了独占或者寡占垄断市场格局，这时对其采取以强制分割、罚款等为主的传统反垄断措施，是非常不合适的，因为这有可能会使高科技产业发展进程中断，并打击后续企业创新的积极性。但是，如果不注意可能形成的独家垄断危害，也可能对用户、供应商或消费者产生较大的危害。这时，可以运用产业政策支持这一领域的其他潜在竞争者，从而对在位的垄断者产生潜在的竞争压力，使产业政策成为创新导向的竞争政策。

2. 从"线"上建设纵横协调能力

制定产业链连接政策，从"线"上建设现代化产业体系的纵横协调能力。产业链的最大功能在于连接，通过连接，产品内分工的格局才能有效实现。强化产业链的连接能力，需要加强产业链各环节、各阶段的协调、协同和协作，强化产业链上下游协同攻关、化点成珠、串珠成链，由点入线，以确保产业链上各方力量同向发力，这是大国经济在长距离复杂循环中必备的重要特征。

产业链连接政策是一个宏大的政策体系，主要包括产业链纵横向连接政策、产业链国内外连接政策、产业链区域连接政策（如部署在区域间的产业链的"链长""链主"间的连接关系等）、产业链要素连接政策，等等。

我们以解决产业链的技术"卡脖子"和补短板的问题为例，分析建立"线"上的横向连接与协调政策的重要性与操作机制。在社会主义市场经济下，解决绝大多数产业链上的这一问题，主要应该依靠市场机制的力量。利用产业链"链主"企业的市场化治理机制，来解决补短板和"卡脖子"问题，需要产业链"链主"企业的管理和与上游企业的互动。"链主"企业作为微观治理机制的主导力量，对上游专精特新企业的创新引导作用主要表现为以下 5 个方面。

（1）"链主"企业所提供的巨大的市场需求，拉动上游企业的技术不断突破。

"链主"企业在市场控制力、技术领先度上越是强大，以需求拉动上游供应企业成长的可能性越大，上游投入品技术突破的可能性也就越大。

例如，我国以某些典型企业等为代表的中国新能源汽车和新能源电池产业的崛起，带动了从上游的矿产资源的开发提炼，到电池、电机、电控等核心零部件的研发制造，再到智能驾驶技术的创新与应用，这条庞大的产业链被不断地推向全球产业链的中高端。在新能源汽车企业的带动下，中国汽车热管理领域、激光雷达领域等已经拥有领先优势，产品创新和降本速度超过预期。

（2）"链主"企业为上游企业提供技术创新的商业化应用场景。

实践中很多"卡脖子"技术，并非由于技术难以突破，而是因为供应商很难接触到用户的实际需要，也无法了解实际使用的场景。当没有整机厂作为"链主"企业来扶持的时候，基础材料的工艺突破甚至连方向都不知道。如果没有强大的"链主"企业，零部件即使取得技术突破也无人问津，而有了"链主"企业的推动，专精特新企业就可以挑战技术攻关难度更大的中间投入品。因此"链主"企业可以为供应商提供创新场景需求并与供应链同步攻坚，实现产业升级。

（3）"链主"企业可以沿着产业链，对准"卡脖子"点精准投资。

由于长期处于同一产业链，"链主"企业对于产业链上各个环节的发展状态往往具有非常完备、准确、对称的信息，知道问题的关键和痛点在哪里，因此由其领头组织产业链内的资源要素进行投资，往往比外人投资更加成功。如某通信类高科技企业为了解决断链的问题，于 2019 年成立某投资公司，投资于材料、测量设备等，以应对美国的封锁打压。这种投资并不以财务回报为目标，而是致力于解决技术上的卡点。

（4）"链主"企业与上游企业结成利益联盟进行协同创新。

产业链协同协调协作，最有效的机制是产业链上下游之间形成以股权投资为纽带的利益联盟。在遵守反垄断法的前提下，这种利益共同体既具有强大的激励效应，也能够共同抵御创新风险。我国新能源产业发展的实践中，有很多上下游企业以资本为纽带相互投资参股，形成有动力进行协同创新的"利益共同体"，最终到资本市场上实现价值。资本市场也可以成为集结相关技术人员进行国际合作、开放创新的有效机制。如很多中国光伏企业，在制度设计上都强调产业链的上下游合作，通过分配股权吸引海外科技人员。实践证明，这是我国光伏类产业获得技术突破并迅速具备国际竞争力的一个重要原因。

（5）"链主"企业通过平台，把软件嵌入制造业设计、生产、装配乃至服务的各个环节，以数据贯穿、推动产业链的各环节创新。

在互联网、大数据、云计算、人工智能等技术的支持下，各种以软件平台形态出现的"链主"企业，正在深刻地改变整个制造业的生态环境、产业组织和竞争格局。目前这种"平台型"的产业链"链主"，已经由过去工业化时代的资本密集型企业，转变为人工智能时代的知识资本密集型企业，新质生产力也体现为"网力、算力"。今后无数的制造企业、生产性服务企业，将会在这些作为新质生产力的一种形式的巨型平台的基础上，不断地创业、积累和扩张。

综上所述，我们建议在推进现代化产业体系建设的过程中，要加强产业链协调的系统思维，构建"链主"企业与专精特新的"隐形冠军"企业之间的联结机制。具体是要在重点产业中提升收购兼并政策的地位，大力鼓励具有市场和技术优势的各类企业充当产业链"链主"，健全"链主"的市场治理机制。

总之，更大力度培育"链主"企业，更高水平培育专精特新企业，更有效率培育中小微企业，实现大中小企业之间的融通发展、协同发展，支撑产业链、价值链整体提升。这应该成为我国推进新质生产力发展的过程中主要的产业链政策。

3. 从"面"上攀向中高端

制定产业链升级政策，从"面"上不断攀向现代化产业体系的中高端。中国过去与世界是垂直分工关系，发达国家处于垂直分工的高端，而中国处于中低端，发展的动能在很大程度上是由跨国企业驱动的，主要依靠的是发达国家的市场。

　　追求高质量发展、加快发展新质生产力，意味着中国将从全球价值链逐步走向全球创新链，与世界的关系也会逐步转向垂直分工与水平分工并存，垂直分工的比重逐步减少，水平分工的比重逐步增加。

　　在进入全球创新链的早期，中国可能会根据自身的比较优势，专注于全球创新链的成本创新、市场与应用场景创新等领域，从而与在全球创新链中主导源头创新的发达国家产生强大的互补效应，由此进一步推动全球经济进入内生增长轨道。

　　产业链"面"上的升级支持政策，根本目的是在新发展格局下促进产业链不断向中高端攀升，实现高质量发展。依据新发展理念，它的指向主要有以下几个方面：

- 产业链的智能化、数字化发展，它们是新质生产力进入"算力"时代后的主体，直接决定产业链的国际竞争力。
- 产业链升级过程中的协调发展，如建立与完善产业链多部门协同管理的部际联席会议制度，加强系统集成，对新出台的举措、新制定的制度开展政策取向一致性评估，确保同向发力、形成合力。
- 产业链的生态化、绿色化发展，这本身就是产业体系现代化的衡量标准之一。
- 产业链的开放发展，这是拉动产业链演化的重要的动力机制。
- 产业链的韧性与安全发展。

　　其中，"面"上的升级支持政策要处理的最重要的一种问题，就是"科学创新—技术创新—产业创新"完整链条的协调升级问题，它也是建设现代化产业体系的基本逻辑和路径。

在这方面，产业链攀升政策主要应该根据科学研究、技术开发、产业创新的不同规律，分类加强制度设计。在政策实践中，要很好地区分这个链条中存在的异质性，在此基础上设计精准的资源支持政策，而不能笼统地、抽象地谈要支持科技产业创新，否则容易导致资源错配。

科学创新的公共知识的外溢性，决定了它只适合用长期的、公益性质的财政资金，不适合利用营利性的金融资本；技术创新尤其是与技术相关的产业创新活动，在它们处于种子期时最适合让那些长期的风险资本进入，不能用短期的银行信贷资金；但是处于成熟扩张阶段的产业和技术创新活动，则可以完全使用信贷资金。

在实践中，还有一种处于基础研究与产业化应用之间的工程化研究的问题，因处于知识转化为财富的关键环节，需要资金、技术、设备、基础设施等多方面的支持，难度大、风险高，所以从战略上看，攻克高技术制造的工程化研究的薄弱环节，应该大力发展各种具有长期主义导向的社会资本，如发展由政府主导的风险投资基金，使这种市场化运作的、承担风险程度和能力最高的基金成为促进我国技术进步的发动机。

4. 从"体"上全方位、立体化布局

制定产业链布局政策，从"体"上全方位、立体化推进产业体系现代化。现代化产业体系建设要落实到具体的时间与空

间中。产业链布局优化政策，就是要在开放条件下从产业链的"立体"空间上，激励要素流动、集聚与集中，以不断地优化产业分工与要素配置。当前在美国等西方国家的主导下，全球价值链正在发生剧烈重组，中国产业布局的环境发生了深刻的变化，主要表现是西方以"降风险"的名义与中国国内产业链分离，中国产业链向外转移的速度加快。产业链重组的具体趋势主要有以下两个。

第一种趋势是过去由西方发达国家跨国企业主导的全球价值链，发生了猛烈的规模缩减、范围缩小、地理变更和形式变化，尤其是在各种提升产业链韧性和安全性的口号下，通过内向化的外包政策的驱动，全球价值链的长度出现缩短趋势，制造业有回归本土化和区域化配置的倾向，"小院高墙"化的"友岸外包"方式盛行。

第二种趋势是随着国内要素成本上升、国际地缘政治的变化，国内产业并没有出现所预期的大规模从沿海地区向内地转移的情形，而是在国外市场需求的诱导和某些发达国家产业政策的裹挟下，国内产业其上下游产业链一起不断地向东盟、南美等区域加速外移。

第一种趋势意味着经济全球化的倒退和产品内分工的基础被毁坏，将可能使我国企业与西方国家"脱钩断链"。第二种趋势将解构、重组中国加入全球价值链的方式，虚化、空洞化中国国内经济。为此，从"体"上全方位推进产业体系现代化，必须要根据既有的趋势优化产业链布局政策，重塑全球价值链分工与布局体系。

一是要在新的形势下实施新一轮"走出去"战略，更加深入地嵌入西方国家跨国公司主导的全球价值链，采取跟随战略主动强化与其配套和外包关系，以资本为纽带强化和巩固全球产业链的上下游关系。

二是跟随一带一路倡议，重点构建以我为主的全球价值链。这是一个对冲逆全球化趋势的可行选择，将巩固和优化我国主导的全球化供应链的地位，更深入地推进经济全球化的发展。

三是以全国统一大市场建设为依托，进一步加强我国沿海地区与东北经济圈、中西部地区的经济联系和经济循环，在此基础上构建以东部沿海地区尤其是长三角地区为龙头的国内价值链。

中国经济的韧性以及中国经济存在巨大回旋余地的重要表现，是在逆全球化趋势下，可以以超大规模市场中的国内经济循环和联系适度替代全球经济循环的作用，以沿海地区发展带动东北振兴和西部开发。按这种思路构建国内价值链，也是防止全球经济风险传递并影响我国经济发展的重大战略决策。据此我们认为，基于中国企业对全球价值链与地方性产业集群双重嵌入的现实，未来中国应该主动地在条件允许的区域如长三角、珠三角、京津冀等地大力推进全球产业链集群的建设，以产业链对产业链、产业集群对产业集群的方式应对全球化演变的趋势。[⊖]

⊖ 刘志彪、吴福象：《"一带一路"倡议下全球价值链的双重嵌入》，《中国社会科学》2018 年第 8 期。

建设现代化产业体系，不仅可以从技术变革、主导产业结构变迁、未来产业发展的角度来定义和入手，还可以从驱动其演变的内生动力机制的来源和形成方面来界定和构建。后者可以确保现代化产业体系的生态处于开放竞争的状态，是国民经济活力的源泉。

总的来看，为建立和完善有利于加速推进现代化产业体系建设的、具有中国特色的产业链政策体系，我们要立体化、系统性、集成式设计产业链政策系统，从节点上设计产业链突破政策，解决产业链短板与强基础问题；从连接上设计产业链协调政策，解决政策的一致性与合力的问题；从分工地位上设计鼓励产业链向中高端攀升的政策，解决产业升级问题；从空间上设计优化产业链布局政策，解决全球产业链重组中可能发生的"断链脱钩"与产业链外移问题。

◎ 结语 ◎

　　伴随着第四次科技革命浪潮与逆全球化趋势，当今世界主要国家的经济政策，已经共同指向了"韧性与安全"的新模式，这种新模式将实施产业链政策放到了推动现代化产业体系建设的中心地位。

　　产业链政策由竞争政策、产业政策基于产业链现代化目标而合成，第八讲中我们提出为推动建设现代化产业体系，从"点""线""面""体"等多个维度，建立和完善立体化、系统性、集成式的中国特色的产业链政策体系，这对于大力发展新质生产力，推进中国式现代化十分重要。

09

向"新"而行，寻找企业
增长新赛道

导　读

　　习近平总书记深刻指出，"支柱产业是发展新质生产力的主阵地"。⊖支柱产业的构成及其技术水平，直接决定了产业发展阶段和经济发展水平。支柱产业通常是指在国民经济体系中占有重要战略地位、产业规模在国民经济中占有较大份额，在一定时期内构成一个国家或地区产业体系的主体，并对国民经济发展起引导和推动作用的产业。

　　第九讲将围绕"新质生产力如何领航企业发展的新未来"

⊖ 2024 年 4 月习近平总书记在重庆考察时提出。

这一主题，从商业的角度，分析在加快发展新质生产力的时代背景下，各行各业应该如何找准新一轮科技革命和产业变革中的新动能、新机遇与新航向，找到企业未来增长的新赛道。

- 谁将是下一个未来的新支柱产业？
- 战略性新兴产业经历了哪些发展路径？
- 引领未来新支柱产业的新赛道在哪儿？

加快形成新质生产力，需要有坚实的产业基础作为支撑，而支柱产业在经济增长的过程中发挥着重大作用，各行各业的管理者应该关注未来能够作为新支柱的若干产业，对企业的长远发展战略进行重点布局。第九讲我们将根据不同行业企业调研的实际情况，梳理出有可能成长为新支柱产业的新赛道，为企业向"新"而行，寻找新的增长方向。

谁将是下一个未来的新支柱产业

支柱产业的构成及其技术水平，直接决定了产业发展阶段和经济发展水平。在培育战略性新兴产业和未来产业的几个重点方向与赛道中，我们需要对产业的技术突破与成熟阶段、产业与产业链内其他产业的关联程度、产业市场需求弹性等多个维度进行全面衡量，从而综合选择出未来可能成为我国经济支柱的产业赛道，并以此来构建未来产业与优势产业、新兴产业、传统产业协同联动的发展格局，形成在大力发展新质生产力的过程中可持续发展的长效机制。

未来新支柱产业具有哪些特点

一般来讲，支柱产业通常具有以下两个特点：

- 从产业生命周期来看，支柱产业应处于已经形成稳定规模的成熟期。

- 从产业特征来看，支柱产业通常产业规模大、发展稳定向好、产业关联度高、对经济支撑力强。

20世纪90年代，在我国的"九五"计划中，我们首次提出"振兴支柱产业"，为适应产业结构转型升级的需要，提出振兴电子、机械、石油化工、汽车和建筑等支柱产业。此后至今，支柱产业在国民经济中依然发挥着重要的作用，但它们也面临着新的挑战。

有文献认为，当时我们选择支柱产业的标准主要有以下9个⊖：

- 产业增加值较高，在国民生产总值中所占比重达5%左右。
- 出口创汇稳定增长，国际市场占有份额上升。
- 就业人员占全国就业人员总数的比重较高，同时与其紧密相关的产业部门就业人员大量增加。
- 行业关联度高，对经济发展的带动作用高于社会各经济部门的平均值，通常影响力系数及感应度系数均大于1。
- 有较高的产业集中度和骨干企业市场占有率，有配套协作的企业组织网络。
- 与国际同行业相比，技术比较成熟。
- 需求收入弹性大于1，达到1.5左右。
- 经济效益良好，附加价值率在25%～40%。

⊖ 段磊：《我国房地产支柱产业地位的实证分析》，《经济研究导刊》2023年第17期。

- 具有高于国民经济总增长率的、持续的、较高的部门增
  长率。

2023 年 9 月，工业和信息化部联合相关部门发布十个工业重
点行业稳增长方案，选取钢铁、有色金属、石化、化工、建材、
机械、汽车、电力装备、轻工业、电子信息制造业等主要制造业
行业，制定稳增长政策措施。对这十个行业推出稳增长举措，主
要考虑规模、关联性和带动性等几个方面，这十个行业合计占规
模以上工业的 7 成左右，都具备产业链长、关联度高等特点。⊖

自 2024 年 2 月 1 日起施行的《产业结构调整指导目录
（2024 年本）》主要给出了四大政策导向：

- 推动制造业高端化、智能化、绿色化。
- 巩固优势产业领先地位。
- 在关系安全发展的领域加快补齐短板。
- 构建优质高效的服务业新体系。

相较于 2019 年本，2024 年本在鼓励类新增了"智能制
造""农业机械装备""数控机床""网络安全"等行业大类及相
关领域；在限制类、淘汰类新增了"消防""建筑"行业大类
及相关领域。从中我们也可以看出，我国的产业结构正不断向
绿色化、数字化和智能化方向转型。

通过以上梳理，我们认为，可以从如下 5 个维度考察哪个
产业有可能成为未来的新支柱产业。

⊖ 新华社，《十个重点行业稳增长举措陆续出台，合力稳住工业运行》。

- **产业技术水平较高**：该产业应该具备先进的技术和创新能力，能够不断地自我迭代与升级，符合未来科技发展的方向与趋势，即该产业有向"数"、向"绿"、向"高"的趋势特征。

- **产业关联度高**：该产业应该具有广泛的前向、后向和侧向关联效应。产业链较长，且能够与其他产业形成上下游的产业链和空间上的产业集群，带动相关产业发展。

- **从供给端来看，产业规模较大、经济贡献率高**：该产业未来应该能够在国民经济中占有一定的份额，在产值、就业等方面对国民经济有足够的贡献。而由于许多新兴产业在当前尚未形成较大规模，我们应该主要关注其成长的趋势性。

- **从需求端来看，产业市场需求大、具备增长潜力**。潜在的市场需求空间决定了产业是否能够持续发展壮大。如原来作为支柱产业的房地产业就是与当时居民基本生活需求高度相关的产业，市场需求大、利润空间大。

- **具备足够的国际竞争优势**：该产业应该能够尽可能避免"造不出来、卖不出去以及嵌不进去"[⊖]等"卡脖子"境况。

战略性新兴产业的发展图谱

通过对不同时期支柱产业的变化的分析，根据新支柱产业

⊖　林雪萍、曾航：《卡脖子有三种情况，国产替代意味着供应链大洗牌》。

的特点，接下来我们将战略性地考察能够成为未来新支柱产业的新赛道。

2010 年《国务院关于加快培育和发展战略性新兴产业的决定》首次提出"战略性新兴产业是引导未来经济社会发展的重要力量"，并指出以下七大产业为战略性新兴产业。

- 节能环保产业。
- 新一代信息技术产业。
- 生物产业。
- 高端装备制造产业。
- 新能源产业。
- 新材料产业。
- 新能源汽车产业。

2016 年国务院印发《"十三五"国家战略性新兴产业发展规划》，2018 年在原有产业分类的基础上编制了最新的目录《战略性新兴产业分类（2018）》，共涉及九大领域：

- 新一代信息技术产业。
- 高端装备制造产业。
- 新材料产业。
- 生物产业。
- 新能源汽车产业。
- 新能源产业。
- 节能环保产业。

- 数字创意产业。

- 相关服务业

2021年"十四五"规划中提出，要"构筑产业体系新支柱"，"聚焦新一代信息技术、生物技术、新能源、新材料、高端装备、新能源汽车、绿色环保以及航空航天、海洋装备等战略性新兴产业"。

综合可见，战略性新兴产业具有较高的技术密集程度、产业关联度，较大的产业规模及市场份额和足够的成长潜力。同时我们还需要前瞻关注未来产业，2024年初，工业和信息化部等七部门联合发布《工业和信息化部等七部门关于推动未来产业创新发展的实施意见》，提出要前瞻谋划部署"未来制造、未来信息、未来材料、未来能源、未来空间和未来健康"六大产业方向。

2024年3月，《政府工作报告》中指出，要"加快前沿新兴氢能、新材料、创新药等产业发展，积极打造生物制造、商业航天、低空经济等新增长引擎。制定未来产业发展规划，开辟量子技术、生命科学等新赛道"。

2024年美国国家科学技术委员会（NSTC）更新了关键和新兴技术（critical and emerging technologies，CETs）清单[⊖]，指出了要重点推进的具体技术领域，如先进计算、先进工程材料、量子信息和使能技术、空间技术和系统，等等。

综合可见，中美两国都更关注原始技术水平、颠覆性技术

⊖ 澎湃新闻，《美国发布2024版关键和新兴技术清单，清洁能源和储能技术首次进前十》。

突破可能性、产业化的可能性、潜在应用场景和潜在需求规模
等特征。为了便于后面内容的讲述，我们在表 9-1 中对战略性
新兴产业进行了相应的产业对照。

表 9-1 战略性新兴产业对照表

战略性新兴产业	与未来产业相关的赛道	与现行投入产出表及现行国标行业分类相关的部门
新一代信息技术产业	未来信息（下一代移动通信、量子信息、类脑智能、群体智能等）	通信设备、计算机和其他电子设备部门
高端装备制造产业	未来制造（智能制造、生物制造、纳米制造、激光制造等） 未来高端装备（人形机器人、量子计算机、超高速列车、下一代大飞机、绿色智能船舶、无人船艇等高端装备产品）	专用设备部门、仪器仪表部门、电气机械和器材部门
新材料产业	未来材料（高性能碳纤维、先进半导体、超导材料等）	金属冶炼和压延加工品部门、金属制品部门、非金属矿物制品部门
生物产业	未来健康（细胞和基因技术、合成生物、生物育种、脑机交互等）	化学产品部门
新能源汽车产业	高级别智能网联汽车等超级终端	交通运输设备制造部门
新能源产业	未来能源（核能、核聚变、氢能、生物质能等）	电气机械和器材部门
节能环保产业	未来产业的节能方向（如绿色数字基础设施、绿色智能船舶等）	其他制造产品和废品废料部门
航空航天产业	未来空间（空天领域、载人航天、探月探火、卫星导航、临空无人系统等）	电气机械和器材部门、通用设备部门等
海洋装备产业	未来空间（深海潜水器、深海作业装备、深海搜救探测设备、深海智能无人平台等）	电气机械和器材制造、通用设备制造等部门

资料来源：《工业和信息化部等七部门关于推动未来产业创新发展的实施意见》《中华人民共和国国民经济和社会发展第十四个五年规划和2035 年远景目标纲要》《2020 年全国投入产出表》《国民经济行业分类（GB/T 4754—2017）》。

1. 领先优势领域：新一代信息技术产业

从产业技术水平上看，新一代信息技术产业具有明显的领先优势。

发明专利的授权数量反映了一个产业的技术更新速度和需求规模，能够反映产业技术增长的水平。从战略性新兴产业的发明专利授权数量可以看出，新一代信息技术产业、新材料产业和生物产业发明专利规模最大，且呈现明显的增长趋势，分别从 2014 年的 5.3 万件、6.0 万件、4.4 万件增长到 2023 年的 33.4 万件、20.0 万件和 12.4 万件，如图 9-1 所示。此外，高端装备制造产业近年来的发明专利授权数量也增长迅猛，2014 ~ 2023 年间的年平均增长率约为 23.2%，与新一代信息技术产业相当。

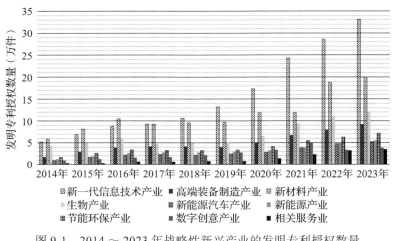

图 9-1　2014 ~ 2023 年战略性新兴产业的发明专利授权数量

⊖ Patyee 专利课题组根据专利的行业分类信息计算统计得出。

在增长最快的新一代信息技术产业内部，2019 年以后，人工智能，互联网与云计算、大数据服务以及新兴软件和新型信息技术服务的发明专利授权数量迅速增长，如图 9-2 所示。同时，根据国家知识产权局发布的数据，2023 年，我国国内有效发明专利授权数量同比增速最快的技术领域分别为信息技术管理方法（59.4%）、计算机技术（39.3%）、基础通信程序（30.8%），远高于22.4% 的全国平均水平⊖。由此我们可以看出我国在数字技术领域有更高的创新热度，数字技术产业有较大的发展潜能。

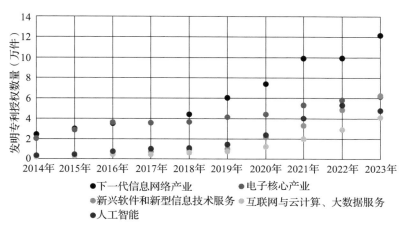

图 9-2　2014 ～ 2023 年新一代信息技术产业发明专利授权数量

2. 产业前后向关联度高的领域：高端装备制造产业、新材料产业与其他产业

从产业前后向关联度来看，高端装备制造产业、新材料产业与其他产业有较高的投入产出关联度。

⊖　国家知识产权局政务微信，《图解：2023 年知识产权工作》。

根据 2017 年与 2020 年 42 部门非竞争性投入产出表[⊖]可以观察到各部门产业的前后向关联情况，其中：

$$产业前向关联度 = 除本部门的其他部门中间投入 / 中间投入合计$$

$$产业后向关联度 = 除本部门的其他部门中间使用 / 中间使用合计$$

由图 9-3 和图 9-4 我们可以看出，前向关联度较高的产业部门为专用设备、金属制品、仪器仪表、电气机械和器材等；后向关联度较高的产业部门为其他制造产品和废品废料、仪器仪表、金属制品、非金属矿物制品等。与之相关的战略性新兴产业部门为高端装备制造产业、新材料产业、节能环保产业等。

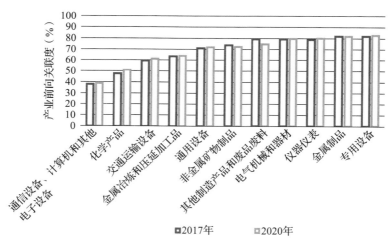

图 9-3　2017 年与 2020 年产业前向关联度

⊖　国家统计局，《全国投入产出表》

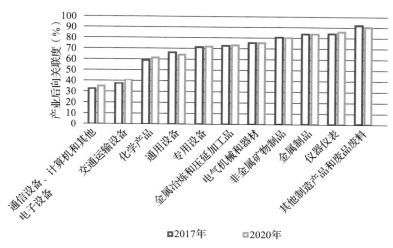

图 9-4　2017 年与 2020 年产业后向关联度

3. 劳动和资本规模优势领域：新一代信息技术产业、高端装备制造产业

从产业规模及其增长趋势来看，新一代信息技术产业、高端装备制造业在劳动和资本规模上领先于其他产业。

从 2014 ～ 2021 年分行业规模以上工业企业的劳动力规模（见图 9-5）和总资产规模（见图 9-6）⊖来看，计算机、通信和其他电子设备制造业，电气机械和器材制造业有着较高的劳动和资本规模，它们可以对应于战略性新兴产业中的新一代信息技术产业、高端装备制造产业，并涉及新能源产业。

⊖　CNRDS 中国研究数据服务平台。

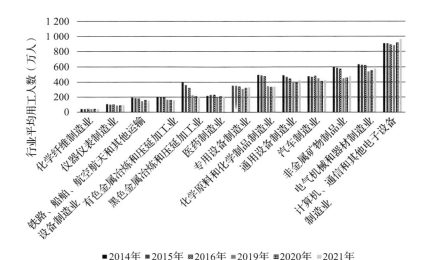

图 9-5　2014 ～ 2016 年、2019 ～ 2021 年行业平均用工人数

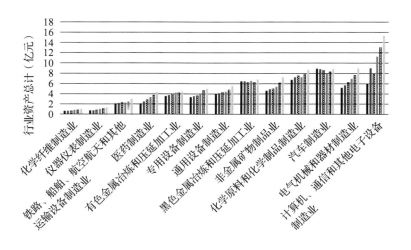

图 9-6　2014 ～ 2016 年、2019 ～ 2021 年行业资产总计

4. 具有市场潜能优势领域：生物产业、高端装备制造产业

从产业市场需求来看，生物产业、高端装备制造产业面临更大的市场潜能。

我们使用行业近年来实现的利润率反映其面临的潜在市场需求情况，图 9-7 刻画了 2014 ～ 2016 年以及 2019 ～ 2020 年分行业规模以上工业企业的主营业务利润率[⊖]，数据显示医药制造业、仪器仪表制造业、专用设备制造业主营业务利润率较高，且利润率呈增长趋势，其对应的战略性新兴产业为生物产业、高端装备制造产业，而汽车制造业则有明显的利润率下滑趋势。

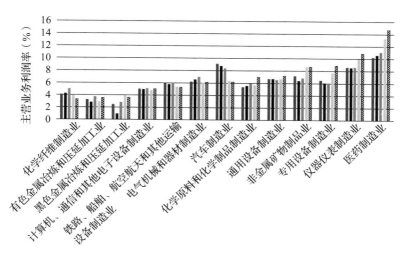

图 9-7　2014 ～ 2016 年、2019 ～ 2020 年分行业规模以上工业企业主营业务利润率

───────────

⊖　CNRDS 中国研究数据服务平台。

5. 产业进出口依赖度高的领域：新一代信息技术产业，高端装备制造、新材料产业

从产业进出口依赖度来看，新一代信息技术产业对进口中间品依赖度高；高端装备制造、新材料产业产品更倾向于面向国际市场。

根据非竞争性[⊖]投入产出表，可以按如下方式计算对各行业国产品与进口品依赖的投入比例：

进口供给依赖度 = 中间投入（进口品）/ 中间投入合计

出口市场依赖度 = 最终使用（出口品）/ 最终使用合计

由图 9-8 可见，与新一代信息技术、高端装备制造相关的产业对进口产品的中间投入有较强的依赖性，也是我国容易被"卡脖子"的产业领域。图 9-9 显示，高端装备制造、新材料产业的产品绝大部分面向国际市场。

综上我们可以发现，新一代信息技术相关产业在产业技术潜力，产业增长规模及其趋势上，都具备较大的优势，但同时也应该注意到，其对进口中间品的依赖程度也相对较高。高端装备制造产业具有较高的产业链前后向关联度、较大的产业规模和市场需求潜能。此外值得关注的是生物产业，其具备较大的市场需求潜力和利润增长可能；以及新材料产业，它具备较强的产业链带动能力。

⊖ 投入产出表分为竞争型投入产出表和非竞争型投入产出表。非竞争型投入产出表是对竞争型表的细化，将竞争型投入产出表的中间使用和最终使用均按照国产品和进口品加以区分，就形成了非竞争型投入产出表。

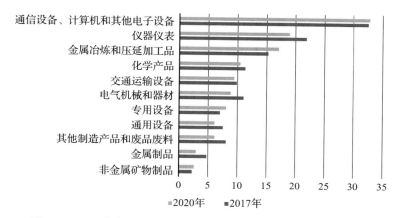

图 9-8　2017 年与 2020 年行业中间投入的进口供给依赖度（%）

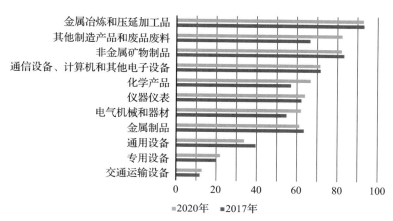

图 9-9　2017 年与 2020 年行业产出品出口市场依赖度（%）

谁将会引领未来新支柱产业的新赛道

根据上述分析，综合考虑内外部环境，我们梳理出以下"十五五"时期具备潜在发展优势的未来新支柱产业的新赛道。

1. 数字技术相关产业赛道

数字技术相关产业或将会成为"十五五"时期第一大支柱产业。

数字技术的标志性产业应当包括数字生成、数字传输、数字储存、数字模型、数字孪生、数字计算、人工智能和芯片、计算机产业等多个细分行业。

当前，世界各国都在加速推进传统产业数字化、壮大发展新兴数字产业以及前瞻部署数字技术相关未来产业，全球数字领域战略竞争加剧。2022 年，我国数字经济规模达到 50.2 万亿元人民币[⊖]（约合 7.5 万亿美元），仅次于美国（17.2 万亿美元[⊖]）。

在"十五五"期间，在数字技术相关产业的赛道中，各企业需要高度关注的细分领域是人工智能领域和算力产业。

随着人工智能技术的爆发式突破，智能时代正在加速到来，人工智能技术将重塑产业格局；而在人工智能大模型驱动需求和产业数字化转型需求这两大驱动力下，生成了巨大的数据处理需求，算力产业也将迎来爆发式增长。2023 年，全球人工智能市场收入达 5 132 亿美元，同比增长 20.7%，据中国信息通信研究院预测，到 2026 年市场规模将达到 8 941 亿美元[⊜]。根据工业和信息化部的数据，截至 2023 年 7 月，我国人

㊀ 国家互联网信息办公室，《数字中国发展报告（2022 年）》。
㊁ 中国信息通信研究院，《全球数字经济白皮书（2023 年）》。
㊂ 中国信息通信研究院，《全球数字经济白皮书（2023 年）》。

工智能核心产业规模已达到 5 000 亿元[⊖]；人工智能相关企业数量达 9 183 家，仅次于美国（14 922 家）[⊜]。

算力是集信息计算力、网络运载力、数据存储力于一体的新型生产力，可划分为基础算力、智能算力和超算算力。前瞻来看，量子计算已成为各国部署未来产业的重要赛道，通过量子计算，有望以更快的速度完成当前经典计算无法完成的任务，量子计算将在人工智能、生物医药、金融等领域大有作为。

从算力规模上看，我国算力总量大、增速快。根据中国信息通信研究院发布的《中国算力发展指数白皮书》[⊜]报告的数据（见图 9-10），2022 年我国算力总规模达到 302 EFlops[⊕]，位居全球第二位（2022 年全球计算设备算力总规模为 906 EFlops）。2016 ～ 2022 年间，我国算力规模平均每年增长 46%；高于全球 36% 的增长水平。根据白皮书的预测，未来 5 年全球算力规模将以超过 50% 的速度增长，到 2025 年，全球算力总规模将超过 3 ZFlops[⊕]，2030 年将超过 20 ZFlops。在此基础上，我们测算认为，我国算力规模将以约 65%（=46%÷36%×50%）的速度增长，预计 2025 年将达到 1.4 ZFlops，2030 年将超过 10 ZFlops。

⊖　新华社，《我国人工智能蓬勃发展　核心产业规模达 5 000 亿元》。
⊜　深圳市人工智能行业协会，《2024 人工智能发展白皮书》。
⊜　中国信息通信研究院，《中国算力发展指数白皮书（2021 年）》《中国算力发展指数白皮书（2022 年）》《中国算力发展指数白皮书（2023 年）》。
⊕　Flops（floating-point operations per second）即每秒浮点运算次数，1 EFlops 代表每秒 10^{18} 次浮点运算。
⊕　1 ZFlops 代表每秒 10^{21} 次浮点运算。

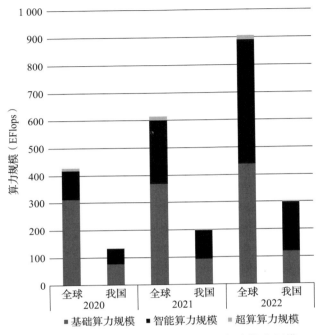

图 9-10　2020 ～ 2022 年全球及我国各类算力规模

　　从算力结构上看，我国智能算力近年来增长迅速。2020年我国智能算力规模为 56 EFlops，占算力总规模的 41.5%；2022 年我国智能算力规模为 178.5 EFlops，占算力总规模的 59%，高于全球 49.8% 的水平，具备足够的国际竞争力。

　　从算力产业产值规模上看，根据毕马威的测算，到 2025 年，我国算力核心产业规模约为 4.4 万亿元，关联产业规模可达 24 万亿元。[○]根据《数字中国发展报告（2022 年）》[○]，2022

　　○ 毕马威，《"普惠"算力开启新计算时代》。
　　○ 国家互联网信息办公室，《数字中国发展报告（2022 年）》。

年我国数字产业中，10万亿元以上的行业只有电子信息制造业和软件业，可以预见，算力相关产业将崛起为数字技术产业赛道中的重要支柱领域。据估算，对算力相关产业每投入1元，将带动3～4元的经济产出，[○]算力相关产业有望成长为"十五五"期间我国的新支柱产业。

2. 大健康及生命科学领域相关赛道

随着人口老龄化的加剧，健康产业的重要性日益凸显。

在需求端，随着经济的发展和居民生活水平的不断提高，人们对健康的关注度日渐增加，对优质医疗服务、身体与心理健康管理等的需求也在不断增长，健康消费中，对有效的治未病手段，尤其是对中医药的消费将会大幅增加。

在供给端，大数据、人工智能等技术在医疗领域的应用，也为健康产业的创新提供了有力支持，其中细胞与基因治疗（CGT）等生命科学的前沿应用领域，由于具有技术迭代快、创新潜力大、临床依赖度高、产品个性化与定制化等特点，已成为各主要发达国家竞相布局的"新赛道"。

具体而言，大健康产业赛道涵盖多个细分行业领域，如医疗器械及耗材制造、医药制造等健康制造业以及医疗服务、健康管理、养老产业等健康服务业。2023年，我国医疗服务市场规模接近9万亿元。[○]

"十五五"期间值得深度关注的领域为银发经济。目前我

○ 中国信息通信研究院，《中国算力发展指数白皮书（2023年）》。
○ 易凯资本，《2024易凯资本中国健康产业白皮书》。

国人口已连续两年出现负增长，打造"适老型社会"成为必然诉求，同时，由于当代人对家庭规模、婚恋生育、社会角色等观念的变化，银发经济将是一个长期的增量市场。

为此，2024 年 1 月，国务院办公厅印发 1 号文件《国务院办公厅关于发展银发经济增进老年人福祉的意见》，从顶层设计层面推动发展银发经济产业。银发经济主要涉及六类业态，即老年健康与医疗产业、养老服务产业、老年辅助用具产业、老年生活用品产业、养老金融业，以及其他养老产业（如老年文旅娱乐等相关服务业）。

根据国家统计局公布的数据，截至 2023 年末，60 岁以上人口接近 3 亿，约占全国总人口的 21.1%，其中 65 岁以上人口超 2.1 亿，约占全国总人口的 15.4%。⊖据测算，我国银发经济规模在 7 万亿元左右，占 GDP 比重大约为 6%，到 2035 年，银发经济规模有望达到 30 万亿元左右。⊜

人工智能与合成生物技术共同推动下的生物制造产业将成为大健康产业赛道上值得前瞻关注的未来产业。

生物制造是合成生物学的重要应用场景，通过使用合成生物进行一系列重新设计与技术改造，使生物体或细胞具有新的能力，在此过程中设计与构建一系列新的标准化的生物元件、组件与系统，以实现理想的生物制造能力，相比其他生产方式，生物制造的核心优势在于凭借细胞工厂的高效代谢系统降低成本和减少排放。

⊖　国家统计局，《中华人民共和国 2023 年国民经济和社会发展统计公报》。
⊜　新华社，《2024 年国办 1 号文，聚焦银发经济》。

3. 新材料、新能源等基础支撑性产业赛道

新材料产业、新能源产业是战略性、基础性的产业，也一直是高新技术竞争的关键领域。新材料是新出现的、具有优异性能和特殊功能的材料，或者传统材料经过成分、工艺改进后形成的性能明显提高或具有新功能的材料，包括先进基础材料（如先进有色金属材料、先进化工材料）、关键战略材料（如先进半导体材料、高性能复合材料等）和前沿新材料（如超导材料、纳米材料等）。

近年来，中国新材料产业进入发展加速期，产业规模不断扩大。我国新材料产业总产值从 2012 年的约 1 万亿元增加到 2022 年的约 6.8 万亿元，预计 2025 年将达到 10 万亿元。⊖据此 20% 左右的年增长率推算，到 2030 年，我国新材料产业总产值规模将达到约 26 万亿元。

新能源是指与常规能源（化石能源、水能）相对的，以新技术、新材料为基础，当前尚未大规模利用的能源，包括太阳能、风能、核能、氢能、生物质能等，具有可再生、低污染的特征。一方面，受到生存环境的压力，能源结构必须要进行调整，向绿色化转型；另一方面，随着数字化、智能化时代的到来，可以预见算力需求将成倍增长，现有能源恐难以支撑，新能源的开发利用势在必行。因而与新材料产业类似，新能源的开发利用也是"十五五"期间需要着力发展的基础性领域。

⊖ 赵鸿滨、周旗钢、李志辉，等，《面向新兴产业和未来产业的新材料发展战略研究》，《中国工程科学》2024 年第 1 期。

根据国际能源署（IEA）发布的《2023 年可再生能源》[⊖]报告，2023 年全球可再生能源装机容量比 2022 年增长 50%，预测到 2025 年，可再生能源将成为全球最主要的电力来源。近年来，我国能源消费结构中，化石能源（煤炭＋石油）消费占比总体下降，从 2018 年的"59%+18.9%"缩减至 2022 年的"56.2%+17.95%"；其他能源（水电＋新能源）消费占比持续上升，从 2018 年的 14.5% 上升至 2022 年的 17.5%。[⊜]据此推测，2025 年，新能源消费占比可突破 20%，并逐步在更多应用领域代替化石能源。《2023 年可再生能源》报告预测，2028 年，中国新增可再生能源发电量将占全球的 60%。

从技术成熟度与产业化来看，"十五五"期间值得关注的新能源赛道中的细分领域为氢能产业。根据国际能源署发布的报告，全球氢气使用量在 2022 年达到 9 500 万吨，同比增长近 3%。[⊝]根据《绿色氢能产业发展白皮书（2024）》，截至 2023 年末，我国已建成电解水制氢项目 58 个，产能达到 7.8 吨／年，约占全球已建成产能的 60%。[⊗]

4. 高端装备制造产业赛道

高端装备制造产业是制造业的高端领域，主要为航空、航天、船舶、轨道、汽车、电力等重要生产领域提供产品和服务

⊖ 人民网，《国际能源署预测：未来 5 年全球可再生能源将迎来快速增长期》。
⊜ 国家统计局数据。
⊝ 国际能源署，《全球氢能回顾 2023》。
⊗ 赛迪研究院，《绿色氢能产业发展白皮书（2024）》。

支持。例如，航空航天装备群的批量化制造和工艺开发、轨道交通的成套生产线、汽车产业的模块单元和零部件等，都需要高端装备制造产业为其提供工业母机等。

高端装备制造产业技术含量高，表现为知识、技术密集，体现为多学科和多领域高精尖技术的集成；处于价值链高端，具有高附加值的特征；在产业链上占据核心部位，其发展水平决定产业链的整体竞争力。因此，高端装备制造产业将是"十五五"期间推动我国工业转型升级的引擎。

近年来，我国高端装备制造产业在《高端智能再制造行动计划（2018—2020年）》《"十三五"国家战略性新兴产业发展规划》《中国制造2025》等国家级政策文件的支持下得到了良好发展。高端装备制造产业总体规模持续扩大，2022年我国高端装备制造产业产值规模达21.33万亿元，预计2024年接近40万亿元，[一]具有超大市场规模。

"十五五"期间值得关注的细分领域为智能制造产业。智能制造是基于新一代信息通信技术与先进制造技术深度融合，贯穿于设计、生产、管理、服务等制造活动的各个环节，具有自感知、自学习、自决策、自执行、自适应等功能的新型生产方式。根据中商产业研究院的测算，2023年我国智能制造产业产值总规模约为3.9万亿元[二]，智能工厂市场规模约为1.2万亿元[三]。

[一]　世经未来，《高端装备制造行业发展现状及银行授信指引》。
[二]　中商情报网，《2023年中国智能制造行业市场前景及投资研究预测报告》。
[三]　中商情报网，《2024年中国智能制造产业链图谱研究分析》。

5. 现代生产性服务业赛道

密集地含有人力资本、知识资本与技术资本的现代生产性服务业，是发展新质生产力的重要载体。生产性服务业的发展水平决定着产业结构、生产规模和生产效率。服务于实体部门的金融、物流、技术服务等专业化、高端化的生产性服务业，是重要的支撑性产业。目前我国生产性服务业增加值在国民经济中占比较低，2023年约为32%，低于美国的55%，一定程度上制约了作为实体经济重要基础的高端制造业的发展。

"十五五"期间，我们应将现代生产性服务业作为新支柱产业，应该争取让生产性服务业增加值在国民经济中的占比达到38%左右，并进一步推进其向高端化、专业化、智能化发展。

低空经济是"十五五"期间最值得关注的细分领域。低空经济是依托于低空空域（一般为距地面垂直高度3 000米以内），以各种有人驾驶和无人驾驶航空器为主，以载人、载货及其他作业等多场景低空飞行活动为牵引，辐射带动相关领域融合发展的综合性经济形态。

低空经济产业链上游包括技术研发、原材料与核心零部件领域，中游包括低空产品和地面系统领域，下游是产业的应用场景，包括低空物流、农业、旅游、消防、应急等领域。在产业链方面，低空经济产业链条较长，涵盖上游的原材料与核心零部件制造、中游的航空器研发制造、低空飞行基础设施建设与运营、飞行服务保障，下游的应急救援、医疗救护、警务安防、政务执法、旅游、物流等多种应用场景。低空经济主要涵盖低空基础设施、低空飞行器制造、低空运营服务和低空飞行保障四个领域。

据中国民用航空局测算，2023 年我国低空经济规模超 5 000 亿元，2030 年有望达到 2 万亿元。⊖而根据《中国低空经济发展研究报告（2024）》⊜的测算，2023 年我国低空经济规模达到 5 059.5 亿元，同比增长 33.8%，到 2026 年，低空经济规模有望突破万亿元，达到 10 644.6 亿元。在细分领域，2023 年，在低空经济规模贡献中，低空飞行器制造和低空运营服务贡献最大，接近 55%。在电动垂直起降飞行器（eVTOL）领域，2023 年我国产业规模达到 9.8 亿元，同比增长 77.3%，预计到 2026 年将达到 95 亿元。

综合上述讨论分析及产业发展规模预测情况，我们总结梳理出"十五五"期间及未来一段时间内我国可能的优势产业赛道，具体情况如表 9-2 所示。

表 9-2　我国"十五五"期间及未来构筑具备产业新优势的产业新赛道

现阶段具备发展优势的新兴产业	"十五五"期间可能成长为新支柱产业的赛道	"十五五"期间值得重点关注的细分领域	2030 年及更远期应前瞻关注的未来产业细分领域
新一代信息技术产业	数字技术相关产业	算力产业、人工智能	量子计算
生物产业	大健康及生命科学相关产业	银发经济	生物制造
新能源产业、新材料产业	新能源、新材料相关产业	氢能产业	可控核聚变
高端装备制造业	先进制造相关产业	智能制造	人形机器人
生产性服务业	现代生产性服务业	低空经济	适应智能化时代的新型服务业态

⊖　新华社，《2023 年我国低空经济规模超 5 000 亿元》。
⊜　赛迪研究院，《中国低空经济发展研究报告（2024）》。

◇ 结语 ◇

第九讲我们从产业技术水平、产业前后向关联度、产业规模、产业市场需求潜力及产业国际竞争力等维度，结合对不同企业的实际调研情况，测算考察了我国可能成长为未来新支柱产业的主要领域与赛道：数字技术相关产业赛道，大健康及生命科学领域相关赛道，新材料、新能源等基础支撑性产业赛道，高端装备制造产业赛道以及现代生产性服务业赛道。企业管理者应该从长远布局，从未来新支柱产业中的新赛道中，发掘企业未来的发展方向，寻找企业增长的下一片蓝海。

10

❁ 第十讲 ❁

政策引航，发掘新支柱
产业新蓝海

导　读

习近平总书记指出，新质生产力"由技术革命性突破、生产要素创新性配置、产业深度转型升级而催生，以劳动者、劳动资料、劳动对象及其优化组合的跃升为基本内涵，以全要素生产率大幅提升为核心标志，特点是创新，关键在质优，本质是先进生产力"⊖。第十讲中我们将结合各行各业发展新质生产力的实际，围绕如何加快形成新质生产力，解读如何通过政策引航，构筑产业未来发展新赛道新优势，为企业未来的发展寻

⊖ 习近平总书记在主持二十届中共中央政治局第十一次集体学习时提出。

找战略方向和下一片新蓝海。

第十讲中我们将主要回答以下三个核心问题:

- 如何围绕"一二三四五"的总体思路,加快形成新质生产力?
- 如何构筑未来新支柱产业、形成新优势?
- 如何培育新支柱产业,发掘企业未来增长新蓝海?

第九讲中我们梳理讲解了可能成长为未来新支柱产业的五大赛道。而针对如何进一步发展新支柱产业、构筑产业新优势新赛道,我们需要进一步认识当前面临的优势与挑战,从而明确主攻方向,构建政策体系,把握战略机遇。

政策引航，大力发展新质生产力

围绕"一二三四五"的总体思路，加快形成新质生产力

综合前面九讲的内容，结合我们发展新质生产力的现实情况，在本书的最后一讲，我们提出在"十五五"期间各行各业加快发展新质生产力的总体思路。

- **"一"个总目标**：以高质量发展为"一"个总目标。
- **"两"大要素**：围绕生产力和生产关系"两"大要素。
- **"三"大行动**：协同科技创新、要素市场化配置、产业转型升级"三"大行动。
- **"四"个升级**：促进劳动者、劳动资料、劳动对象及其组合"四"个升级。
- **"五"个方向**：关注创新、协调、绿色、开放、共享"五"个方向。

1．"一"：以高质量发展为"一"个总目标

以高质量发展这个总目标统揽全局，全面推动质量变革、效率变革、动力变革。

在第四次工业革命浪潮下，劳动力、资本、土地、知识、技术、管理、数据等要素充分参与到生产过程中，对传统的生产函数造成了变革性影响，尤其是人工智能技术逐渐成为经济发展的新动能。由于新质生产力是创新起主导作用，是摆脱传统经济增长方式、生产力发展路径的先进生产力，具有高科技、高效能、高质量特征，因此发展新质生产力不仅与高质量发展的内涵相契合，而且也将为推动以质量变革、效率变革、动力变革等为特征的高质量发展提供重要着力点。

2．"二"：围绕生产力和生产关系"两"大要素

按照社会经济发展中生产力和生产关系两大要素必须相适应的原则，统筹推进改革与发展进程。

在新一轮的以智能化技术为特征的科技革命中，我国的技术与产业学习模仿西方的空间越来越小，我们需要进行大胆的自我探索。为了降低发展新质生产力的社会成本，需要形成与发展新质生产力相适应的新型生产关系内涵与形式，尤其是要坚持社会主义市场经济改革的基本方向，改革所有权关系以及分配关系，同时更多地将资源配置的决定机制交给多元化的市场，依靠充分竞争来推动技术创新和提升产业体系的现代化水平。

3. "三"：协同科技创新、要素市场化配置、产业转型升级"三"大行动

协同实施催生新质生产力的科技创新、要素市场化配置、产业转型升级三大战略行动。

以算力为代表的新质生产力，要求产业体系与结构转型升级到以智能化技术为主导的产业轨道上来。把创新要素加速积聚于科技产业创新领域，是催生新质生产力的重要保证。过去那种政府主导下的要素资源配置方式，已不能适应和服务于当代的科技创新和产业升级进程，我们需要转向市场化配置，推动人才、资金等要素资源按照现代市场机制流向新质生产力领域。这样既能有效地改造产业资本的存量，提高传统产业效益，又能推动新增资本加速进入战略性新兴产业与未来产业。

4. "四"：促进劳动者、劳动资料、劳动对象及其组合"四"个升级

要积极促进劳动者、劳动资料、劳动对象及其组合的"四位一体"式优化升级。

新质生产力其实是由新型劳动者、新型劳动对象、新型劳动工具等新型要素之间相互关联而形成的有机统一体。发展新质生产力将使要素组合出现许多不同于过去工业革命的新特点。

以新型劳动者要素为例，未来大部分中高技能的劳动者，都会成为智能化机器的培育者、训练者、操作者，而那些从事

机械性、重复性和专业技能水平较低的工作的劳动者将越来越容易被替代。这就提出了加快推进要素优化组合、升级的要求，要让各类先进优质生产要素向发展新质生产力的方向顺畅流动，以防止出现例如新要素供给不足的现象。

5. "五"：关注创新、协调、绿色、开放、共享"五"个方向

全面贯彻新发展理念，从创新、协调、绿色、开放、共享五个方向合力提升全要素生产率。

新质生产力是符合创新、协调、绿色、开放、共享等新发展理念的先进生产力质态，能够为经济发展带来新动能。例如，从创新理念看，科技创新能够催生新产业、新模式、新动能，是发展新质生产力的核心驱动力；又如，从绿色理念看，发展新质生产力将生态文明纳入新型的生产生活方式，是实现可持续发展的必要条件。总之，发展新质生产力内在地要求全面贯彻新发展理念，既要推动技术进步，也要优化资源配置，进而大幅提升全要素生产率。

"十五五"期间加快形成新质生产力的重点任务

前面第一讲提到，新质生产力的"新"，全面体现在"新质"劳动者、"新质"劳动资料、"新质"劳动对象和"新质"的经济体制机制等多个维度。因此在"十五五"期间，我国加快形成新质生产力的重点任务，也应当从不断形成和完善这几个方面入手。

1. 建设"新质"劳动者队伍

前面我们讲到，新质劳动者是掌握了以"网力""算力"为代表的新知识、新技术、新技能的劳动者，他们是生产力中最主动、最积极、最活跃的要素。建设新质劳动者队伍，一是要构建合理的人才培养体系和招引政策体系，不仅要健全强化自主培养体系，还要通过高水平开放从国外吸收引进；此外，要进一步加强职业教育，形成产学研联动机制。二是要完善人才管理与保障机制，新质生产力的发展需要复合型的人才和跨区域、跨领域的人才流动，因此应该形成与之相适应的人才管理体制机制与合理完善的劳动报酬和保障制度。三是营造尊重创新的社会氛围，应合理引入创新容错纠错机制，宽容探索性失败，从而激发劳动者的创新动力。

2. 形成"新质"劳动资料

劳动资料是生产过程中用以改变或影响劳动对象的一切东西。当前，"新质"劳动资料以智能化、绿色化和高端化为主要特征，具备更强的科技属性，既包括数字基础设施、高端智造设备等实体性生产手段，也包括人工智能、云计算、工业互联网等非实体性劳动手段。嵌入式传感器、高性能服务器等都在深刻改造着传统的生产和控制系统，促进生产流程走向智能化、生产范式走向定制化。因此，在"十五五"期间，需要进一步关注"新质"劳动资料的形成，要加大对基础研究和"卡脖子"技术攻关的支持力度，促进科技成果顺利走向产业化，推动创新链与产业链的深度融合。

3. 创造"新质"劳动对象

新一轮科技革命和产业变革驱动下，人们创造劳动对象的广度延伸、深度拓展、精度提高、速度加快，由此构成了发展新质生产力的坚实基础。其中，除了对从自然界获取的物质和能量进行技术改造、科技赋能之外，人们还能通过劳动不断创造新的物质资料，并将其转化为劳动对象，进而大幅提高劳动生产率。其中，最主要的一种"新质"劳动对象就是数据要素，它既直接创造社会价值，又通过与其他生产要素的结合、融合进一步放大价值创造效应。因此，在"十五五"期间我国要进一步优化数据治理架构，强化数据安全防护措施，以促进数据资源的共享、开放及有序流动，确保数据要素的高效利用；同时，也要持续推进数据交易平台建设，完善数据定价机制，确立标准化的交易场所和流程，为数据要素的市场化配置提供有力支撑。

4. 构建"新质"的经济体制机制

新质生产力的显著特点是创新。因此，发展新质生产力必然提出新的制度需求，应该通过改革、健全相关的体制机制满足制度需求[⊖]。也就是说，要加快形成与新质生产力相适应的生产关系，本质在于进一步处理好政府与市场之间的关系。党的二十届三中全会提出构建高水平社会主义市场经济体制中，既"放得活"又"管得住"的命题。这是我们今后坚持市场取向改革的路线指引。要通过放，让社会有活力、有积极性、放手

⊖ 蔡昉：《发展新质生产力与深化经济体制改革》，《金融评论》2024 年第4 期。

干；要通过管，引导市场经营主体按照市场规则来行动。一方面，政府要依法行政，提高管理水平；另一方面，要把不符合社会主义市场经济的行为管住。为此要把握以下几点基本原则和方法：第一，不是要管更多，而是要管更好。第二，放松不是放任，而是要在放松的过程中找到管的边界。第三，放手不甩手，要在市场失灵领域有所作为。第四，把放手当抓手，要利用市场去调节市场。

总之，新质生产力通过大量运用大数据、人工智能、互联网、云计算等新技术，与高素质劳动者、现代金融、数据信息等要素紧密结合从而催生新产业、新技术、新产品和新业态。"十五五"期间加快形成新质生产力、构筑产业未来发展新赛道新优势，需要有坚实的产业基础作为载体支撑，而支柱产业往往在经济增长的过程中发挥重大作用，因此需要进一步选择未来能够作为新支柱的若干产业进行重点布局。

构筑未来新支柱产业、形成新优势

构筑未来新支柱产业的比较优势

习近平总书记指出："中国具有社会主义市场经济的体制优势、超大规模市场的需求优势、产业体系配套完整的供给优势、大量高素质劳动者和企业家的人才优势。"⊖这一论述为深

⊖　习近平：《同心协力　共迎挑战　谱写亚太合作新篇章》。

刻揭示我国发展未来新支柱产业的比较优势提供了重要的指引。具体来看，我们的优势主要体现在以下 4 个方面。

1. 体制优势

实践证明，有效市场与有为政府相结合的社会主义市场经济体制，是符合世界发展规律的经济体制。当前西方发达国家的经济政策也在市场调节的基础上，不断地强化政府干预，我国逐步走向世界强国的序列，很多不确定性很强的科技与产业发展，也需要深度利用市场机制的功能，以降低依靠政府投资发展的社会成本。

以市场为资源配置的决定性机制的中国经济，一方面使我们可以充分利用市场机制来培育新支柱产业、发展新质生产力。比如，通过推进要素市场化改革进而完善要素定价机制，有利于通过形成对企业技术研发和数据利用的强激励，提升全产业的技术创新密集程度，加快推进产业数字化和数字产业化，形成推动新支柱产业形成和壮大的新质生产力。

另一方面，这种具有中国特色的经济体制也能够发挥集中力量办大事的新型举国体制的巨大优势。例如，与新质生产力和新支柱产业相关的一些关键核心技术，国内发展缓慢而外国又开始断供，此时发挥国家动员科技力量和资源的制度优势，促使企业、科研单位、大专院校等协同参与，集中进行研发攻关和突破，是一种快速高效的路径选择。

2. 需求优势

从微观效应看，市场的需求是企业经营活动的起点，也是企业经济利益的最终来源。市场如同"鱼池"，企业如同"鱼池"中的"鱼"，容量大、环境好的"鱼池"才能养出种类丰富、充满活力的"鱼"。

此外，在超大规模市场中，多样化的应用场景需求也有望催生更多未来产业技术路线，多技术路线同台竞技、不断演进，更具应对技术创新和应用场景不确定性的韧性。

从宏观效应看，市场容量是最大的战略性资源，我国有14亿人口，中等收入群体超过4亿人，是全球最具潜力的超大规模市场。这不仅可以为战略性新兴产业以及未来产业的前沿技术产品提供充分的市场需求，使本土具有国际竞争力的优秀企业脱颖而出，还可以虹吸全球先进要素与资源来中国创新、创业，发展中国创新经济，推动世界经济不断向前。

总之，在市场需求优势的拉动下，新支柱产业能够进入"市场需求扩张—销售收入增加—研发投入增长、生产规模扩大—技术改进、成本下降—更多市场需求"的良性循环。

3. 供给优势

我国经过改革开放40多年的发展，不仅拥有了比较健全的基础工业体系，而且科技创新体系也在加快完善之中。尤其是党的十八大以来，我国大力支持北京、上海、粤港澳大湾区形成国际科技创新中心，建设北京怀柔、上海张江、大湾区、安徽合肥综合性国家科学中心，使得在能源安全、量子信息、生物育种、空天科技、深地深海等前沿领域的基础研究和原始创新成果不断涌现。这为我国在一些新赛道新领域与世界领先国家同步并跑、比肩竞争，以及新支柱产业发展提供了关键的技术策源。

同时，完备的工业体系则可以为培育新支柱产业提供坚实根基。因为当未来的产业技术路线逐步成熟以后，竞争的关键就在于如何快速形成规模化、产业化优势，而门类齐全的工业体系可以为前沿技术转化提供完备的产业链配套，能够使新产品快速大规模产业化，并在产业化过程中持续改进工艺、降低成本、提高性能，从而增强最终产品的综合竞争力。

4. 人才优势

人力资源是中国特有的巨大优势。

一方面，工程师红利（即"智力红利"）是继"人口红利"之后对产业发展起重要作用的新优势。目前，中国已经建成世界上规模最大的工程教育体系，工程师人数已经冠绝全球，且劳动力成本远低于欧美等发达国家，这将为我国从产业链补短板到锻长板，从传统制造到智能制造的转型升级提供重要的人才支撑。

另一方面，随着市场经济体制逐步完善，由不断壮大的企业队伍带来的企业家红利已经在中国形成，正在引领中国产业的高质量发展。尤其值得提及的是，党的十八大以来，随着科技与产业不断融合发展，一批具备创新精神和创新思维的科技企业家（即企业家具有科学家的视野，科学家具有企业家的创新精神和经营能力）正不断涌现，有利于中国在国际竞争中赢得战略性新兴产业和未来产业发展的先机与优势。

构筑未来新支柱产业面临的风险与挑战

对于构筑未来新支柱产业，我们虽然具备上述多重优势，但同样面临诸多风险与挑战，诸如未来技术本身的不确定性风险、市场分割抑制规模经济的风险、制度刚性导致的产能过剩风险、顶尖人才匮乏的创新不足风险以及全球产业链与供应链的脱钩风险，等等。

1. 未来技术本身的不确定性风险

未来新支柱产业发展，需要依靠未来技术来驱动，而这种未来技术本身有着巨大的不确定性，主要表现在以下三个方面。

（1）未来新支柱产业所依赖的颠覆性技术发展的不确定性。

支撑和驱动战略性新兴产业尤其是未来产业发展的核心技术，属于具有突破性和颠覆性的前沿技术，众多前沿领域没有公认技术标准，或存在多种技术并存的现象，未来哪一条技术路线更有市场应用前景，需要较长时间的实践和市场检验。

（2）创新成果产业化能否成功的不确定性。

创新成果的产业化难题是未来新支柱产业发展面临的巨大挑战，商业模式不顺利、政策支持不及时、市场需求不匹配都会影响重大研发成果产业化的进程。

（3）资金供给的不确定性。

新兴技术驱动的产业，大多数处于商业化前阶段，建立可持续的资金投入机制非常关键。

2. 市场分割抑制规模经济的风险

地方政府是推动新支柱产业形成和发展的主体，而其管理经济的方法在现有体制下行政干预的特征比较明显，通常容易导致国内商品市场、要素市场被人为地分割，形成小块的"行政区经济"，这不仅降低了国内市场的竞争性，也大大抑制了国内超大规模市场的规模经济性。特别是要素市场分割，更是成为当前阻碍全国统一大市场形成的主要因素。

以数据市场为例，虽然我国拥有海量的数据资源，但这些数据却没有连接起来，这种"信息孤岛"效应很可能会制约未来新支柱产业的发展。例如，目前病历信息在很多地方都实现了电子化，然而这些电子病历在不同医院之间不互通，这就使得智能"算力"根本派不上大用处，因为数据被分割成了无数的小碎片，这显然是很不利于智能医疗产业发展的。更为重要的是，非统一市场的地区分割，会使新产业、新赛道、新动能的发展陷入无序竞争和过度投资状态，导致严重的经济泡沫。

3. 制度刚性导致的产能过剩风险

过去，大家形成了"产值、生产能力、投资"等习惯性偏好，往往不太考虑实际的市场需求约束。因此，各地很容易在发展新质生产力和未来新支柱产业的热潮中，制定和实施各种简单的指标来考核增长，导致投资过度和产能过剩。这是最有可能被预测到的行为和风险。

就目前而言，国内新质生产力行业盈利并不容易。以大语言模型为例，现在国内有文心一言、通义千问、智谱清言、云雀大模型、讯飞星火等，但实际上是否需要这么多模型？企业又能否盈利？这些都是需要认真思考的问题，否则，内卷化的市场将对发展新质生产力产生消极影响。

4. 顶尖人才匮乏的创新不足风险

无论是新质生产力培育还是未来新支柱产业发展，算力、算法等要素都是十分关键的技术环节，而这些环节需要少部分顶尖人才的努力。

第二讲中提到，我国当前享受巨大的工程师红利，但是我国目前的人才队伍还在一定程度上面临"大而不强"的局面，这很容易导致我国的创新能力不能适应新质生产力和新支柱产业的发展，尤其会导致原始性、基础性创新不足，核心技术、底层技术受制于人。

5. 全球产业链与供应链的脱钩风险

随着以美国为代表的西方发达国家全面解构和重构过去我国已经嵌入并有效运作的全球价值链，我国产业发展过程中对发达国家的技术学习和模仿极有可能会中断，即被技术制裁和封锁。

例如，禁止中外学者对"敏感技术"领域的学术交流，禁止中国留学生选学科学技术、工程数学等学科，将切断我国进行技术学习和模仿的渠道。这种全球产业链与供应链的脱钩对于我国培育新质生产力和发展新支柱产业而言，无疑是十分不利的条件。并且，在这种复杂严峻的形势下，如果我国对于未来新支柱产业发展的战略方向被迫陷入封闭保守，不愿意坚持开放和改革，那么这样一来，就不能把国内市场与国际市场连接起来，进行能量的交换，从而也就无法通过吸收外部的负熵来应对内部的熵增现象，实现系统的均衡发展。

如何培育新支柱产业，发掘企业未来增长新蓝海

未来对新支柱产业的培育，需要我们从多个维度发力，总结来看，就是向"内"、向"智"、向"绿"、向"高"、向"聚"，从"五"向上发力，从而夯实新支柱产业发展的基础，为企业发掘未来竞争的新蓝海。

1. 向"内"：实施主场全球化

20世纪90年代，我国提出了要大力振兴机械电子、石油化工、汽车制造和建筑业四大支柱产业。受益于当时国家整体的出口导向型发展战略，这些支柱产业占GDP比重仅在提出的十年后就超过了20%。

然而，近年来的国内国外经济环境发生了深刻变化，对培育新支柱产业这一目标也提出了新要求，过去的出口导向型模式已经难以为继，必须转换到国内市场主导的经济发展路径上来，即实施主场全球化。其本质在于发挥巨大内需的虹吸效应，吸引国内外的创新要素在国内市场集聚，提高对创新要素的全球配置能力，塑造新的竞争优势。

实际上，就主场全球化所依据的产业内容而言，中国不仅要依靠创新要素促使制造业崛起，成为世界先进的制造大国，

也要使现代生产性服务业尤其是知识、技术和人力资本密集的高级生产性服务业崛起，促进先进制造业与生产性服务业形成产业互动。

2. 向"智"：推动产业智能化

智能化是推动产业升级的必然路径，也是形成更多新的增长点的有效途径，正日益成为未来产业发展的重大趋势和核心内容，对培育新支柱产业和塑造新竞争优势具有重要作用。

推动产业智能化，重在发挥智能科技和产业深度融合的"化学反应"。例如，工业互联网作为新型基础设施的重要内容，可以通过实现人、机、物的全面互联，打通从研发到市场的全产业链条。尤其是在实现智能制造的过程中，人工智能等新技术融入先进制造技术后，可以实现从产品设计到生产调度、故障诊断等各个环节的智能化驱动，在提高效率、降低成本的同时实现个性化、定制化的生产制造，从而提升产品的科技溢价。更重要的是，智能化的意义不仅在于优化生产和供给，还在于借助大数据与算法成功实现供给与需求的精准对接，从而实现个性化定制和流水线生产的有机结合。

3. 向"绿"：加快产业绿色化

习近平总书记指出，"绿色循环低碳发展，是当今时代科技革命和产业变革的方向，是最有前途的发展领域"。加快产业绿色发展，对于转换发展动能、满足人民美好生活需要、

　　㊀ 习近平总书记在党的十八届五中全会第二次会议上的讲话。

参与国际竞争等均有重要意义。

首先，随着中国面临的能源资源约束趋紧、生态环境压力日益严峻，绿色发展不仅是解决资源和生态承载力问题的必然途径，也是转变经济发展模式、推进高质量发展的重要任务。

其次，在建设美丽中国的新时期，加快产业绿色化有利于形成绿色技术创新体系，提供更加丰富的绿色生态产品，提升人民生活的幸福感和满足感，是以人民为中心的发展思想的内在要求。

最后，全球化逆流冲击之下的全球产品价值链正在重构，主动寻求与新发展格局相适应的绿色发展道路，有利于中国攀升全球价值链，在国际竞争中占据更主动的地位。

4. 向"高"：促进产业高端化

从生产力与产业结构的关系看，只有经历了动摇产业底层基础性逻辑的技术革命和产业变革，生产力才能够达到"质变"级别。每一次技术革命都是颠覆性的，都代表了产业增长的逻辑变化，都能形成更高水平的生产力，而每一种生产力都有与其对应的主导产业以及由此形成的产业体系和结构。

在以算力为代表的新质生产力下，产业体系和结构内在地要求实现高端化（即呈现出技术、知识和人力资本不断密集化的特点），形成以人工智能、脑机接口、量子计算、量子通信等前沿技术为主导的新型产业发展轨道。因此，"十五五"期间培育新支柱产业、塑造新竞争优势的主攻方向，必然包含促进产业高端化的内容。

5. 向"聚"：加强产业集群化

产业集群是特定行业内竞争性企业以及与这些企业互动的关联企业、供应商、相关机构等在特定区域内聚集的现象，已成为现代化产业体系建设的有效载体。一般来说，产业集群化发展对扩大分工协作、促进知识要素溢出、提高生产要素配置效率等具有重要作用，是培育新支柱产业和塑造新竞争优势的重要手段。

然而，进入新发展阶段，中国产业集群的增长动能弱化、创新能力不足、空间布局固化等问题也日益凸显，已难以适应高质量发展背景下培育新支柱产业的目标要求。因此，发展新质生产力、塑造新竞争优势，需要针对当前中国产业集群发展中的突出问题，在加强产业集群化发展的同时，加快推动产业集群的转型升级。

与上述培育新支柱产业的主攻方向相对应，我们也应该关注以下 5 个方面的重点任务。

（1）培育完整内需体系。

实施主场经济全球化战略，一个充分必要条件是国内市场可以为全球资源和要素提供新的发展机会。这就需要加快培育完整内需体系作为战略支撑，要求既要做大"蛋糕"，也要分好"蛋糕"。

一方面，做大"蛋糕"需要不遗余力地增加生产性努力和提高劳动生产率，这些方面的制度性改革将成为扩大内需的决定性因素。

另一方面，分好"蛋糕"需要不断促进与分配性努力密切相关的结构性改革，这也会影响甚至决定后期进一步的"蛋糕"再生产。

（2）加快数字经济发展。

数字经济是解放和发展社会生产力的重要条件，也是推动产业智能化的基础载体。当前，我国数字经济仍存在大而不强、快而不优等问题。

为了加快形成新质生产力、构筑产业未来发展新赛道新优势，要坚持科技自立自强，以数据为关键要素，以推动数字技术与实体经济深度融合为主线，以协同推进数字产业化和产业数字化，赋能传统产业转型升级为重点，以加强数字基础设施建设为基础，以完善数字经济治理体系为保障，不断做强做优做大我国数字经济。

（3）推进产业绿色转型。

推进产业绿色转型的重点在于，调整经济结构和能源结构，培育壮大节能环保产业、清洁生产产业、清洁能源产业，实现生产系统和生活系统循环连接。

具体来说，针对传统产业，要加快绿色低碳技术改造，促进产品结构、用能结构、原料结构优化调整和工艺流程再造。针对新兴产业，既要聚焦产业绿色发展的瓶颈环节，加快技术研发和应用的短板弱势补齐，也要立足巨大市场空间，加强绿色低碳产业链分工协作，持续锻造长板优势。针对未来产业，要围绕"双碳"目标，前瞻布局氢能、储能、生物制造以及碳捕集、利用与封存（CCUS）等领域。

（4）深化产业结构调整。

我国拥有全世界最完整的产业体系，这无疑是一种巨大优势，但也要清醒地看到，低端产能过剩和高端产品依赖进口并存，创新能力薄弱、产业基础不牢等问题还很突出，因此，当前亟须深化产业结构调整，推动产业高端化。

需要注意的是，产业高端化并不意味着都去搞芯片等先进产业，服装、家具等传统产业也可以实现高端化发展。不论何种产业，只要知识技术密集、产品附加值高，就都符合产业高端化的定义。在深化产业结构调整这一重点任务中，既要推动传统产业领域的强链延链补链，加快转型升级，也要加强新技术、新产品创新迭代，培育新产业，开拓新赛道，提升全产业链竞争优势。

（5）优化产业空间布局。

新质生产力是创新起主导作用的先进生产力质态，其产业空间布局无疑是技术指向的，因此发展新质生产力不能是所有地区一哄而上、同质化竞争，而要遵循因地制宜的基本原则。

在发展新质生产力背景下培育新支柱产业、塑造新竞争优势，必然要求加紧优化产业空间布局。当前要以建设全国统一大市场为契机，优化科教资源的空间分布和人才培养及引进的区域格局，畅通新质生产要素在地区间的流动，发展具有地方特色的产业集群，形成比较优势基础上的区域产业分工与合作。

通过上述分析，很自然地，我们能够发现培育新支柱产业的政策举措应该聚焦在以下4个方面。

（1）在产业链政策方面，从"点、线、面、体"维度找准卡点堵点，畅通产业链循环。

单独使用的产业政策或竞争政策，在"十五五"期间要转向有利于产业链现代化的产业链政策。

这种综合性的政策从"点"的角度看，除了要继续运用新型举国体制对某些关键技术进行攻关，还可以考虑把政府组建的相关投资基金，以一定的契约方式交给企业，让企业按照市场化原则和方式进行自主运作，通过卡点精准投资等方式真正解决"卡脖子"难题。

从"线"的角度看，要建立和完善产业链"链主"治理机制，发挥"链主"企业对整条产业链的协调作用。

从"面"的角度看，要按照"同产业"原则，为中小企业和大企业之间形成依赖或互补关系积极创造条件，鼓励形成垄断竞争的市场结构格局。

从"体"的角度看，要抓紧培育世界级产业集群，利用产业集群的空间集聚效应提升产业链韧性。

（2）在市场政策方面，加快建设全国统一大市场，发挥主场全球化的战略作用。

综合来看，统一性、开放性、竞争性和有序性是国内强大市场的几个显著特征。为此，可以从以下方面加快推进建设全国统一大市场。

一是建设统一市场，壮大市场有效规模，这需要尽快清理区域性或行业性的政策歧视，消除市场分割现象。

二是建设竞争市场，完善市场功能，这需要不断完善反垄断法律法规，将行政垄断行为也纳入反垄断法律法规的约束范围。

三是建设开放市场，增强市场活力，这需要在进一步优化营商环境的工作中，更加主动地对接高标准国际经贸规则，进一步放宽市场准入。

四是建设有序市场，强化规则监管，这需要市场主体信用体系建设的加强，市场主体的软预算约束硬化，以及政府规制原则和方法的国际惯例化，等等。

（3）在科技政策方面，积极引导生产要素向先进生产力集聚，促进创新成果转化。

要区分科学创新与技术创新的不同，在此基础上界定政府与企业的职能。要区分科学创新活动和技术创新活动应该由谁作为承担主体，同时我们也应该建立科技成果市场化的平台，通过平台的交易撮合功能，顺利地把不同主体和机构创造的知识变成财富，把创新成果转化到具体产业中。

（4）在人才政策方面，不断完善人才培养、引进和使用等政策，为培育新支柱产业提供人才支撑。

一方面，我国目前发展新质生产力最短缺的是处于"宝塔尖"上的顶尖的科技和产业创新人才。解决这一问题的关键在于优化教育方式，为顶尖人才的成长提供环境和空间。

另一方面，要在企业的所有权制度和企业组织形式的设计中，进一步优化完善人才激励机制，充分体现人力资本作为新质生产力的第一性要素的地位。比如，对现有的科技依赖性企业进行股权制度改造，让渡适当比例的企业股份来吸引全球优秀科技人才；允许对人力资本估值并提取"折旧"费用，用于其进一步学习、进修与培训，等等。

◎ 结语 ◎

　　大力发展新质生产力、构筑产业未来发展新优势，需要一系列政策的引航，在第十讲中，我们综合前九讲的重点内容，围绕"大力推进现代化产业体系建设，加快发展新质生产力"这一首要工作任务，提出了要把握"一二三四五"的总体思路，推进"五个三"的重点任务。

　　当前，我国经济的高质量发展既具有多重优势，也面临多维挑战，面对这些发展中的问题，我们需要在总体政策思路的基础上，实现产业的向"内"、向"智"、向"绿"、向"高"、向"聚"发展，从而通过政策引航，充分挖掘算力时代企业未来航行的新蓝海。